In den bunten Wappenschilden und Flaggen des Deutschen Reiches (1871–1918), seiner Bundesstaaten und der preußischen Provinzen hat sich ein Stück deutscher Geschichte niedergeschlagen. Ihr Fortleben in den Wappen der Bundesrepublik Deutschland und der Länder bezeugt Kontinuität im geschichtlichen Wandel. Das vorliegende Taschenbuch bringt die Staats- und Provinzwappen nach den prächtigen Farbtafeln der „Deutschen Wappenrolle“ (1897) von Hugo Gerard Ströhl. Die Flaggen der Staaten und die Farben der Provinzen wurden – ebenfalls nach Ströhl – für diesen Band neu gezeichnet. Zusammengestellt und fachkundig erläutert von Jürgen Arndt.

Wappen und Flaggen des Deutschen Reiches und seiner Bundesstaaten (1871–1918)

Nach den Tafeln von Hugo Gerard Ströhl
Zusammengestellt und erläutert von Jürgen Arndt

Harenberg Kommunikation

Die Abbildungen der Wappen des Deutschen Reiches (1871–1918) sind entnommen den Tafeln der „Deutschen Wappenrolle“ von Hugo Gerard Ströhl (Stuttgart 1897), die Flaggen wurden nach Vorlagen desselben Werkes neu gezeichnet. Mit freundlicher Genehmigung des Verlages C.A. Starke, Limburg/Lahn.

Die Zeichnung von Hans Ritt mit den Wappen der Bundesrepublik Deutschland und der Länder ist entnommen dem „Grundriß der Heraldik“ von Alfred Zappe (Limburg/Lahn 1971[2]). Mit freundlicher Genehmigung des Verlages C.A. Starke.

Die bibliophilen Taschenbücher

Gesamtherstellung: Kleins Druck- und Verlagsanstalt, Lengerich
Printed in Germany

INHALTSVERZEICHNIS

Wappen

Standarten und Landesfarben

Wappen

Deutsches Reich

Fläche: 540 777 qkm
Einwohnerzahl: 1871 – 41 058 790
1910 – 64 903 420
Reichshauptstadt: Berlin

Heraldisches Reichssymbol:

Der Reichsadler, belegt mit einem Mittelschild –
darin das preußische Staatswappen, dieses belegt mit einem Herzschild –
darin das Stammwappen der Hohenzollern.
Der Mittelschild umgeben von der Kette
des preußischen Ordens vom Schwarzen Adler.
Über dem Reichsadler schwebend die Reichskrone
in Form einer Nachbildung der historischen Krone des alten Reiches.

Gesetzliche Festlegung: Erlaß Kaiser Wilhelms I. vom 3. August 1871 (ReichsGesBl 1871, S. 318), später in der Darstellung abgeändert durch den Erlaß Kaiser Wilhelms II. vom 6. Dezember 1888.

Literatur: Erich Gritzner: Symbole und Wappen des Deutschen Reiches, Leipzig 1902
Veit Valentin und Ottfried Neubecker: Die deutschen Farben, Leipzig 1929
Ottfried Neubecker: Das deutsche Wappen 1806 – 1871. In: Arch. f. Sippenforschung 1931, S. 289–322

REICHS-ADLER

Deutsches Reich

Das (größere) kaiserliche Wappen:

Der Reichsadler in goldenem Schild, auf dem die Krone des alten Reiches ruht.
Als Schildhalter zwei wilde Männer – wie beim preußischen Wappen –, jeder mit einer Standarte, die das preußische bzw. brandenburgische Wappen zeigen.
Das Wappenzelt wird wiederum von der Krone des alten Reiches gekrönt, überhöht von einer Querstabstandarte mit den Reichsfarben Schwarz-Weiß und Weiß-Rot.

Gesetzliche Festlegung: Erlaß Kaiser Wilhelms I. vom 3. August 1871 (ReichsGesBl 1871, S. 318), abgeändert in der Darstellung durch den Erlaß Kaiser Wilhelms II. vom 6. Dezember 1888

Literatur: vgl. S. 8

DEUTSCHES REICH

Größeres Wappen des Kaisers

Preußen

Königreich

Fläche: 348 702 qkm
Einwohnerzahl: 1871 – 21 689 250
1910 – 40 163 330
Hauptstadt: Berlin

Wappen:

4	5	6		7	8	9
10	11	12	2	13	14	15
16	17	18		19	20	21
22	23	24	1	25	26	27
28 ab	29	30		31	32	33
34	35	36	3 ab	37	38	39
40	41	42		43	44	45 ab
46	47	48	52	49 ab	50	51

1 kleines preußisches Staatswappen –
zugleich Wappen der Provinz Ostpreußen – vgl. S. 22
2 Kurfürstentum Markgrafschaft Brandenburg –
zugleich Wappen der Provinz Brandenburg – vgl. S. 16
3a Burggrafschaft Nürnberg
b Stammwappen des Geschlechts Hohenzollern
4 Herzogtum Westfalen (vgl. S. 36)
5 Großherzogtum Posen (vgl. S. 26)
6 Herzogtum Schlesien (vgl. S. 32)
7 Großherzogtum Niederrhein (vgl. S. 28)
8 Herzogtum Sachsen (vgl. S. 30)
9 Herzogtum Engern
10 Herzogtum Magdeburg
11 Herzogtum Holstein (vgl. S. 34)
12 Herzogtum Pommern (vgl. S. 24)
13 Herzogtum Lüneburg
14 Herzogtum Schleswig (vgl. S. 34)

KÖNIGREICH PREUSSEN

Großes Wappen

15 Erzbistum Bremen
16 Herzogtum Wenden
17 Herzogtum Jülich
18 Herzogtum Geldern
19 Herzogtum Kleve
20 Herzogtum Berg
21 Herzogtum Pommern-Wolgast
22 Landgrafschaft Thüringen
23 Herzogtum Mecklenburg
24 Herzogtum Krossen
25 Herzogtum Lauenburg
26 Landgrafschaft Hessen
27 Markgrafschaft Oberlausitz
28a Fürstbistum Paderborn
b Grafschaft Pyrmont
29 Fürstentum Rügen
30 Markgrafschaft Niederlausitz
31 Fürstentum Oranien
32 Fürstentum Ostfriesland
33 Fürstbistum Halberstadt
34 Fürstbistum Verden
35 Fürstbistum Osnabrück
36 Fürstbistum Münster
37 Fürstbistum Minden
38 Fürstbistum Hildesheim
39 Fürstbistum Kammin
40 Grafschaft Glatz
41 Grafschaft Moers
42 Fürstbistum Fulda
43 Herzogtum Nassau
44 Gefürstete Grafschaft Henneberg
45a Grafschaft Mark
b Grafschaft Ravensberg
46 Grafschaft Veringen
47 Grafschaft Mansfeld
48 Grafschaft Hohnstein
49a Grafschaft Tecklenburg
b Grafschaft Lingen
50 Grafschaft Sigmaringen
51 Reichsstadt Frankfurt am Main
52 Regalienfeld

Gesetzliche Festlegung: Erlaß vom 16. 8. 1873 (Preuß. Ges. Samml. 1873, S. 397) mit Änderung durch Erlaß vom 30. 3. 1874 (Preuß. Ges. Samml. 1874, S. 128)

Literatur: Maximilian Gritzner: Landes- und Wappenkunde der brandenburg-preußischen Monarchie, Berlin 1894

Bernhard Frh. v. Koehne: Das allmähliche Entstehen des königlich Preußischen Wappens. In: Ztschr. f. Münz-, Siegel- u. Wappenkunde 2 (1842), S. 175, 239, 298

Metius: Das Wappen der Könige von Preußen. In: Berichte der Münzen- u. Medaillen-Sammler 5 (1965), S. 601 ff., 634 f., 666 f.

Ludwig Clericus: Geschichte des preußischen Wappens. In: Wochenblatt des Johanniter-Ordens, Balley Brandenburg 1862, Nr. 23

Heinrich Ahrens: Der preußische Adler. In: Der deutsche Herold 19 (1888), S. 68

Die Felder des Königlich Preußischen großen Wappens. In: Mitteilungen des Vereins Kleeblatt, Hannover 15 (1904), S. 4 ff.

Heinrich Frh. v. Ledebur: Streifzüge durch die Felder des königlich preußischen Wappens, Berlin 1842

Rudolf Graf v. Stillfried u. Rattowitz, Conde von Alcantara: Die Titel und Wappen des preußischen Königshauses, Berlin 1875

H. Schmidt: Das große preußische Wappen nach der Cabinets Ordre vom 11. VIII. 1873 mit historisch-heraldischen Erläuterungen, Breslau 1877

Königreich Preußen

Provinz Brandenburg

Fläche: 39 842 qkm
Einwohnerzahl: 1871 – 2 036 890
1910 – 4 093 010
Hauptstadt: Potsdam

Wappenschild:

In Silber ein mit dem Kurhut gekrönter, auf den Flügelknochen (Saxen) mit goldenen Kleestengeln belegter, golden-bewehrter roter Adler, im rechten Fang ein goldenes Szepter, im linken ein golden-gegrifftes silbernes Schwert haltend, auf der Brust mit einem blauen Herzschild belegt, darin das aufgerichtete goldene Szepter des Reichserbkämmerers.

Normative Festlegung: Erlaß des preußischen Staatsministeriums vom 28. 2. 1881*

Literatur: Hermann Krabbo: Der brandenburgische Adler. In: Der deutsche Herold 56 (1925), S. 3 ff.

Georg Schmidt und Adolf Matthias Hildebrandt: Das Wappen der Provinz Brandenburg, wie es ist und wie es sein sollte. In: Vierteljschr. des HEROLD 38 (1910), S. 205–223

* Auszugsweiser Abdruck bei Gustav Ad. Seyler, Geschichte der Heraldik, Nürnberg 1890 (Neudruck Neustadt a. d. Aisch 1970), S. 726 ff. Dort werden auch Einzelheiten zur Entstehung einiger dieser Provinzialwappen mitgeteilt (für Brandenburg a. a. O., S. 725).

BRANDENBURG

Größeres Wappen

Königreich Preußen

Provinz Hannover

Fläche: 38 506 qkm
Einwohnerzahl: 1871 – 1 961 140
1910 – 2 942 550
Hauptstadt: Hannover

Wappenschild:

In Rot ein laufendes silbernes Roß

Normative Festlegung: Erlaß des preußischen Staatsministeriums vom 28. 2. 1881

Literatur: Georg Schnath: Das Sachsenroß, Hannover 1961 (Schriftenreihe der niedersächs. Landeszentrale für polit. Bildung – B, Heft 6)

Anton Hagemann: Das westfälisch-niedersächsische Wappenbild. In: Ztschr. d. Savigny-Stiftung f. Rechtsgeschichte, German. Abt. 69 (1952), S. 340 ff.

HANNOVER

Königreich Preußen

Provinz Hessen-Nassau

Fläche: 15 700 qkm
Einwohnerzahl: 1871 – 1 400 370
1910 – 2 220 960
Hauptstadt: Kassel

Wappen:

1 2
3

1 Landgrafschaft Hessen (für das 1866 von Preußen annektierte Kurfürstentum Hessen)
2 Herzogtum Nassau (1866 von Preußen annektiert)
3 Freie (Reichs-)Stadt Frankfurt am Main (1866 von Preußen annektiert)

Normative Festlegung: Erlaß des preußischen Staatsministeriums vom 28. 2. 1881

Literatur: für das Wappen der Landgrafschaft Hessen vgl. S. 50

für Nassau: Hermann Frh. v. Goeckingk, Geschichte des Nassauischen Wappens, Görlitz 1880

für Frankfurt: Adolf Feulner, Der Frankfurter Adler. Abh. zur Gesch. des Stadtwappens bis zum Jahre 1866, Frankfurt a. M. 1935

HESSEN-NASSAU

Königreich Preußen

Provinz Ostpreußen

Fläche: 36 999 qkm
Einwohnerzahl: 1871 – 1 822 930
1910 – 2 064 370
Hauptstadt: Königsberg i. Preußen

Wappenschild:

Das kleinere Wappen des preußischen Gesamtstaates

Normative Festlegung: Erlaß des preußischen Staatsministeriums vom 28. 2. 1881

Literatur: Ernst von der Oelsnitz: Das Landeswappen von Preußen – Ostpreußen 700 Jahre deutsches Land. In: Festschrift der Hartungschen Zeitung, Königsberg 1933

Vgl. auch Gustav A. Seyler, Geschichte d. Heraldik, S. 726

OSTPREUSSEN

Königreich Preußen

Provinz Pommern

Fläche: 30 125 qkm
Einwohnerzahl: 1871 – 1 431 630
1910 – 1 716 480
Hauptstadt: Stettin

Wappenschild:

In Silber ein golden-bewehrter roter Greif

Normative Festlegung: Erlaß des preußischen Staatsministeriums vom 28. 2. 1881

Literatur: Theodor Pyl: Die Entwicklung des pommerschen Wappens, Greifswald 1894 (Pommersche Geschichtsdenkmäler Bd. VII.)

POMMERN

Königreich Preußen

Provinz Posen

Fläche: 28 982 qkm
Einwohnerzahl: 1871 – 1 583 840
1910 – 2 100 040
Hauptstadt: Posen

Wappenschild:

Das kleine preußische Staatswappen mit gekröntem Herzschild: in Rot ein gekrönter silberner Adler (Polen)

Normative Festlegung: Erlaß des preußischen Staatsministeriums vom 28. 2. 1881

Literatur: Kronthal: Die Posener Wappen- und Stadtfarben. In: Histor. Monatsblatt für die Prov. Posen, 17. Jg., Heft 1–6

POSEN

Königreich Preußen

Provinz Rheinland

Fläche: 26 997 qkm
Einwohnerzahl: 1871 – 3 579 350
1910 – 7 120 520
Hauptstadt: Koblenz

Wappenschild:

Der preußische Adler, belegt mit einem gekrönten grünen Herzschild, darin ein silberner Wellenschrägbalken

Normative Festlegung: Erlaß des preußischen Staatsministeriums vom 28. 2. 1881

Literatur: Das Wappen der Rheinprovinz. In: Mitteilungen des Vereins Kleeblatt, Hannover 1895, S. 74

Klemens Stadler: Deutsche Wappen, Bd. 7, Bremen 1972, S. 8

Vgl. auch Gustav A. Seyler, Geschichte der Heraldik, S. 726

RHEINLAND

Königreich Preußen

Provinz Sachsen

Fläche: 25 260 qkm
Einwohnerzahl: 1871 – 2 103 175
1910 – 3 088 780
Hauptstadt: Magdeburg

Wappenschild:

Das Stammwappen Sachsens: im schwarz-golden neunmal geteilten Schild ein schrägrechts gelegter grüner Rautenkranz

Normative Festlegung: Erlaß des preußischen Staatsministeriums vom 28. 2. 1881

Literatur: Vgl. S. 44; ferner: Georg Schmidt: Das Wappen der Provinz Sachsen, wie es ist und wie es sein sollte. In: Thüring.-Sächs. Ztschr. f. Gesch. u. Kunst (1911), S. 11–20

Vgl. auch Gustav A. Seyler, Geschichte der Heraldik, S. 725, 727

SACHSEN

Königreich Preußen

Provinz Schlesien

Fläche: 40 325 qkm
Einwohnerzahl: 1871 – 3 707 170
1910 – 5 326 210
Hauptstadt: Breslau

Wappenschild:

In Gold ein rotbewehrter schwarzer Adler,
belegt mit einem steigenden silbernen Halbmond,
dessen Höhlung mit einem Kreuzchen besteckt ist.

Normative Festlegung: Erlaß des preußischen Staatsministeriums vom 28. 2. 1881

Literatur: Paul Knötel: Der schlesische Adler. In: Vierteljahrschrift des HEROLD 16 (1888), S. 391

ders: Von den schlesischen Adlern. In: Oberschlesien 3 (1904), S. 512 ff.

SCHLESIEN

Königreich Preußen

Provinz Schleswig-Holstein

Fläche: 19 004 qkm
Einwohnerzahl: 1871 – 1 045 420
1910 – 1 619 670
Hauptstadt: Kiel (bis 1917: Schleswig)

Wappen:

1 2

1 Herzogtum Schleswig (vermindertes Wappen des Königreichs Dänemark)
2 Herzogtum Holstein (Stammwappen der Grafen von Schaumburg-Holstein)

Normative Festlegung: Erlaß des preußischen Staatsministeriums vom 28. 2. 1881

Literatur: Walther Stephan: Die historischen Wappen Schleswig-Holsteins und seiner Landschaften, Neumünster 1953

ders.: Das Holsteinische Nesselblatt, seine Herkunft und seine Bedeutung. In: Ztschr. d. Ges. für Schlesw.-Holst. Geschichte 61 (1933)

Maximilian Gritzner: Das Wappen der Herzöge von Schleswig-Holstein, Berlin 1888 und 1892 (als Mskr. gedr.)

Hans v. Weissenbach: Das Wappen der Grafen von Schauenburg und Holstein. Eine historisch-heraldische Studie, Schleswig 1877

Vgl. auch Gustav A. Seyler, Geschichte der Heraldik, S. 727 Anm. I

SCHLESWIG-HOLSTEIN

Königreich Preußen

Provinz Westfalen

Fläche: 20 214 qkm
Einwohnerzahl: 1871 – 1 775 175
1910 – 4 125 900
Hauptstadt: Münster

Wappenschild:

In Rot ein steigendes silbernes Roß

Normative Festlegung: Erlaß des preußischen Staatsministeriums vom 28. 2. 1881

Literatur: Anton Hagemann: Das westfälisch-niedersächsische Wappenbild. In: Ztschr. d. Savigny-Stiftung, f. Rechtsgeschichte, German. Abt. 69 (1952), S. 340 ff.

Georg Schnath: Das Sachsenroß, Hannover 1958 (Schriftenreihe der Landeszentrale für Heimatdienst in Niedersachs. B Heft 6)

Friedrich Philippi: Die Entwicklung des westfälischen Wappens. In: Festschr. zur Weihe des neuen Landeshauses, Münster 1901, S. 19 ff.

WESTFALEN

Königreich Preußen

Provinz Westpreußen

Fläche: 25 542 qkm
Einwohnerzahl: 1871 – 1 314 610
1910 – 1 703 040
Hauptstadt: Danzig

Wappenschild:

In Silber ein schwarzer Adler,
auf der Brust belegt mit einer goldenen Krone,
zwischen Hals und Brust rechts ein geharnischter Arm hervorkommend,
der mit bloßer Hand ein golden-gegrifftes silbernes Schwert
über den Kopf des Adlers schwingt.

Normative Festlegung: Erlaß des preußischen Staatsministeriums vom 28. 2. 1881

WESTPREUSSEN

Königreich Preußen

Hohenzollernsche Lande

(Regierungsbezirk Sigmaringen,
ehem. Fürstentümer Hohenzollern-
Sigmaringen und -Hechingen)

Fläche: 1 142 qkm
Einwohnerzahl: 1871 – 65 850
1910 – 71 010
Hauptstadt: Sigmaringen

Wappenschild:

Silbern-schwarz geviert
(Stammwappen des Geschlechts Hohenzollern)

Normative Festlegung: Erlaß des preußischen Staatsministeriums vom 28. 2. 1881

Literatur: Rudolf Graf Stillfried von Alcantara: Die älteren Siegel und das Wappen der Grafen von Zollern . . ., Berlin 1880

K. Th. Zingeler: Das Wappen des Fürstl. Hauses Hohenzollern in seiner Entwicklung dargestellt, Görlitz 1889

Hugo Frh. von Linstow: Das Stammwappen der Hohenzollern und die ihm gleichenden Wappen. In: Der Sammler, 1888, Nr. 12

HOHENZOLLERNSCHE LANDE

Bayern

Königreich

Fläche: 75 870 qkm
Einwohnerzahl: 1871 – 4 863 450
1910 – 6 876 500
Hauptstadt: München

Wappen:

2		3
	1	
4		5

1 Stammwappen der Wittelsbacher
2 Pfalzgrafen bei Rhein
3 (vermeintliches) Herzogtum Franken
4 Markgrafschaft Burgau (für den bayer. Regbez. Schwaben)
5 Grafschaft Veldenz i. d. Pfalz

Gesetzliche Festlegung: Kgl. Verordnung vom 18. Oktober 1835

Literatur: Paul Ernst Rattelmüller: Das Wappen von Bayern, München 1969

Klemens Stadler: Deutsche Wappen, Bd. 4, Bremen 1965, S. 7–10

Karl Ritter Mayer von Mayerfels: Der Wittelsbacher Stamm-, Haus- und Geschlechtswappen, Konstanz 1880

KÖNIGREICH BAYERN

Großes Wappen

Sachsen

Königreich

Fläche: 25 259 qkm
Einwohnerzahl: 1871 – 2 556 240
1910 – 4 802 485
Hauptstadt: Dresden

Wappen:

2		3		4
5				6
		1		
7				8
9		10		11
	12		13	

1 Stammwappen Sachsen (Wettin, Albertinische Linie)
2 Markgrafschaft Meißen
3 Landgrafschaft Thüringen
4 Pfalzgrafschaft Thüringen
5 Pfalzgrafschaft Sachsen
6 Herrschaft Pleißen
7 Grafschaft Voigtland
8 Grafschaft Orlamünde (im Kreis Stadtroda)
9 Markgrafschaft Landsberg
10 Markgrafschaft (Ober-)Lausitz
11 Herrschaft Eisenberg (im Kreis Stadtroda)
12 Burggrafschaft Altenburg i. Thür.
13 Gefürstete Grafschaft Henneberg

Als kleines Wappen wurde das Stammwappen (Feld 1) verwendet.

Gesetzliche Festlegung: Verordnung vom 7. 6. 1889 betr. das Majestätswappen (VOBl Sachsen 1889, S. 47 ff.)

Literatur: Otto Posse: Die Siegel der Wettiner . . . nebst einer Abhandlung über Heraldik und Sphragistik der Wettiner, Leipzig 1893

G(ritzner?): Das neue kgl. sächsische Majestätswappen. In: Der deutsche Herold 20 (1889), S. 147

Maximilian Gritzner: Geschichte d. sächsischen Wappens (unvollendet). In: Vierteljahrschr. des HEROLD 1901, S. 71–233; 1902, S. 1–65

KÖNIGREICH SACHSEN

Großes Wappen

Württemberg

Königreich

Fläche: 19 512 qkm
Einwohnerzahl: 1871 – 1 818 540
1910 – 2 435 610
Hauptstadt: Stuttgart

Wappen:

1 2

1 Stammwappen der Grafen von Württemberg
2 Herzogtum Schwaben (Geschlecht der Hohenstaufer)

Gesetzliche Festlegung: Kgl. Dekret vom 30. Dezember 1817

Literatur: Otto von Alberti: Württembergisches Adels- und Wappenbuch, Stuttgart 1889 ff. (Neudruck Neustadt a. d. Aisch 1975), S. V–XV

Max Bach: Das Wappen des Herzogtums Schwaben. In: Besondere Beilage des Württ. Staatsanzeigers, 1903, S. 289–296

ders.: Zur Geschichte des schwäbischen Wappens. In: Der deutsche Herold 34 (1903), S. 180 ff.

KÖNIGREICH WÜRTTEMBERG

Staatswappen

Baden

Großherzogtum

Fläche: 15 068 qkm
Einwohnerzahl: 1871 – 1 461 560
1910 – 2 141 830
Hauptstadt: Karlsruhe

Wappen:

Stammwappen der Markgrafen von Baden

Gesetzliche Festlegung: Verordnung vom 24. November 1830

Literatur: Karl Frh. von Neuenstein: Das Wappen des großherzoglichen Hauses Baden, Karlsruhe 1892

Franz Zell: Geschichte und Beschreibung des badischen Wappens, Karlsruhe 1858

GROSSHERZOGTUM BADEN

Staatswappen

Hessen

Großherzogtum

Fläche: 7 689 qkm
Einwohnerzahl: 1871 – 852 900
1910 – 1 282 220
Hauptstadt: Darmstadt

Großes Staatswappen: *

2	3	4
5	1	6
7	8	9

1 großherzoglich hessisches kleines Staatswappen
2 Landgrafschaft Hessen (Stammwappen)
3 Erzbistum Mainz
4 Fürstbistum Worms
5 Grafschaft Ziegenhain (im gleichnamigen Kreis)
6 Grafschaft Katzenelnbogen (im Untertaunuskreis)
7 Grafschaft Büdingen (im Wetteraukreis)
8 Grafschaft Hanau
9 Grafschaft Nidda (im Wetteraukreis)

Gesetzliche Festlegung: Verordnung, das Staatswappen betreffend, vom 9. 12. 1902 (Hess. RegBl. 1903, S. 19)

Literatur: Viktor Würth: Das Großherzoglich Hessische Wappen in seiner geschichtlichen Entwicklung, Darmstadt 1917

* Ströhl hat nur das kleine Staatswappen dargestellt, das dem 1. Felde des großen Wappens entspricht.

GROSSHERZOGTUM HESSEN

Kleines Wappen

Mecklenburg-Schwerin
und
Mecklenburg-Strelitz

Großherzogtümer

Fläche: Mecklenburg-Schwerin: 13 127 qkm
Mecklenburg-Strelitz: 2 930 qkm
Einwohnerzahl: Mecklenburg-Schwerin: 1871 – 557 900
1910 – 639 880
Mecklenburg-Strelitz: 1871 – 96 980
1910 – 106 350
Hauptstädte: Mecklenburg-Schwerin: Schwerin
Mecklenburg-Strelitz: Neustrelitz

Wappen:

1		2
3	7	4
5		6

1 Herzogtum Mecklenburg (kleines Wappen)
2 Herrschaft Rostock
3 Fürstentum Schwerin
4 Fürstentum Ratzeburg
5 Herrschaft Stargard
6 Fürstentum Wenden (oder Werle)
7 Grafschaft Schwerin

Gesetzliche Festlegung: Erlaß d. Großherzogs v. Mecklenburg-Schwerin, v. 11. 9. 1885; Erlaß d. Großherzogs v. Mecklenburg-Strelitz von 1871

Literatur: Carl Teske: Die Wappen des Großherzoglichen Hauses Mecklenburg in seiner geschichtlichen Entwicklung, Güstrow 1893

Bernhard Frh. v. Köhne: Das mecklenburgische Wappen. In: Berliner Blätter, Bd. 2, 1865, S. 198

GROSSHERZOGTUM MECKLENBURG-SCHWERIN
GROSSHERZOGTUM MECKLENBURG-STRELITZ
Großes Wappen

Sachsen (-Weimar-Eisenach)*

Großherzogtum

Fläche: 3 611 qkm
Einwohnerzahl: 1871 – 286 180
1910 – 417 170
Hauptstadt: Weimar

Wappen:

2			3
		1	
4	5	6	7

1 Stammwappen des Hauses Sachsen (Wettin, Ernestinische Linie)
2 Landgrafschaft Thüringen
3 Markgrafschaft Meißen
4 Gefürstete Grafschaft Henneberg
5 Herrschaft Arnshaugk (im Kreis Gera)
6 Herrschaft Blankenhain (im Kreis Weimar)
7 Herrschaft Tautenburg (im Kreis Stadtroda)

Literatur: Anton Ludw. Jakob Michelsen: Die ältesten Wappenschilde der Landgrafen von Thüringen, Jena 1857

* Seit 1877 lautete die offizielle Staatsbezeichnung „Großherzogtum Sachsen".

GROSSHERZOGTUM SACHSEN

Großes Wappen

Oldenburg

Großherzogtum

Fläche: 6 428 qkm
Einwohnerzahl: 1871 – 316 640
1910 – 482 430
Hauptstadt: Oldenburg (im Großherzgt.)

Wappen:

6					7
	1		2		
8	3		4		9
		5			
10					11

1 Stammwappen der Grafen von Oldenburg
2 Stammwappen der Grafen von Delmenhorst
3 Fürstbistum Lübeck (Fürstentum Eutin)
4 Fürstentum Birkenfeld (in der Pfalz)
5 Herrschaft Jever (im Kreis Friesland)
6 Königreich Norwegen (Erbanspruch des großherzoglichen Hauses)
7 Herzogtum Schleswig
8 Herzogtum Holstein
9 Landschaft Stormarn
10 Landschaft Dithmarschen
11 Herrschaft Kniphausen (im Kreis Friesland)

Gesetzliche Festlegung: Bekanntmachung v. $\frac{29.\,10.}{27.\,11.}$ 1829

Literatur: Georg Sello: Das Oldenburgische Wappen, Oldenburg 1892 (Sonderdruck)
Hermann Lübbing: Was die Oldenburger im Schilde führen. In: Oldenburg. Hauskalender 1951, S. 54–56 (mit 8 Abb.)

GROSSHERZOGTUM OLDENBURG

Großes Wappen

Braunschweig

und Lüneburg*

Herzogtum

Fläche: 3 672 qkm
Einwohnerzahl: 1871 – 311 765
1910 – 482 430
Hauptstadt: Braunschweig

Wappen:

2	1	3
5	4	6
8 a b c	7	9
11	10	12

1 Herzogtum Braunschweig (Stammwappen der Welfen)
2 Herzogtum Lüneburg
3 Grafschaft Eberstein (im Kreis Holzminden)
4 + 7 Grafschaft Diepholz
5 Herrschaft Homburg (im Kreis Holzminden)
6 Herrschaft Lauterberg (im Kreis Osterode i. Harz)
8a Grafschaft Hoya
8b Herrschaft Alt-Bruchhausen (im Kreis Hoya)
8c Herrschaft Neu-Bruchhausen (im Kreis Syke)
9 Grafschaft Hohnstein (im Kreis Nordhausen/Thür.)
10 Herrschaft Klettenberg (im Kreis Nordhausen/Thür.)
11 Herrschaft Regenstein (im Kreis Blankenburg i. Harz)
12 Herrschaft Blankenburg im Harz

Als kleines Wappen wurden die Felder 1 und 2 oder in Rot ein laufendes silbernes Roß auf silbernem Boden verwendet.

Gesetzliche Festlegung: Reskript des Herzoglichen Staatsministeriums v. 31. 5. 1859

Literatur: Hermann Grote: Geschichte der Welfischen Stammwappen, Leipzig 1863
Heinrich Böttger: Das Braunschweig-Lüneburgische Wappen, Hannover 1861

* Der offizielle Staatsname enthält auch den auf das Herzogtum Lüneburg hinweisenden Zusatz.

HERZOGTUM BRAUNSCHWEIG UND LÜNEBURG

Großes Wappen

Sachsen-Meiningen

Herzogtum

Fläche: 2 468 qkm
Einwohnerzahl: 1871 – 187 960
1910 – 278 790
Hauptstadt: Meiningen

Wappen:

2		4		3
5		1		6
7		9		8
10		12		11
13		15		14
16	18		19	17

1 Stammwappen des Hauses Sachsen (Wettin, Ernestinische Linie)
2 Landgrafschaft Thüringen
3 Markgrafschaft Meißen
4 Herzogtum Kleve (Erbanspruch)
5 Herzogtum Jülich (Erbanspruch)
6 Herzogtum Berg (Erbanspruch)
7 Pfalzgrafschaft Sachsen
8 Pfalzgrafschaft Thüringen
9 Markgrafschaft Landsberg
10 Grafschaft Orlamünde (im Kreis Stadtroda)
11 Herrschaft Pleißen
12 Herrschaft Eisenberg (im Kreis Stadtroda)
13 Burggrafschaft Altenburg i. Thür.
14 Grafschaft Bre(h)na (im Kreis Bitterfeld)
15 Regalienfeld
16 Grafschaft Mark in Westf. (Erbanspruch)
17 Grafschaft Ravensberg in Westf. (Erbanspruch)
18 Herrschaft Römhild (im Kreis Hildburghausen)
19 Gefürstete Grafschaft Henneberg

HERZOGTUM SACHSEN-MEININGEN

Großes Wappen

Sachsen-Altenburg

Herzogtum

Fläche: 1 323 qkm
Einwohnerzahl: 1871 – 142 120
1910 – 216 310
Hauptstadt: Altenburg

Wappen:

2	3	4
5	6	7
	1	
8	9	10
11	12	13
14	15	16
17	18	19
20	21	22

1 Stammwappen des Hauses Sachsen (Wettin, Ernestinische Linie)
2 Landgrafschaft Thüringen
3 Herzogtum Kleve (Erbanspruch)
4 Markgrafschaft Meißen
5 Herzogtum Jülich (Erbanspruch)
6+9 Markgrafschaft Landsberg
7 Herzogtum Berg (Erbanspruch)
8 Pfalzgrafschaft Sachsen
10 Pfalzgrafschaft Thüringen
11 Grafschaft Orlamünde
12 Burggrafschaft Altenburg i. Thür.
13 Herrschaft Pleißen
14 Herrschaft Eisenberg (im Kreis Stadtroda)
15 Herzogtum Westfalen (Erbanspruch)
16 Grafschaft Bre(h)na (im Kreis Bitterfeld)
17 Grafschaft Mark in Westf. (Erbanspruch)
18 Herrschaft Ravenstein i. Nordbrabant (Erbanspruch)
19 Grafschaft Ravensberg in Westf. (Erbanspruch)
20 Herrschaft Römhild (im Kreis Hildburghausen)
21 Gefürstete Grafschaft Henneberg
22 Regalienfeld

HERZOGTUM SACHSEN-ALTENBURG

Großes Wappen

Sachsen-Coburg und Gotha

Herzogtum

Fläche: 1 977 qkm
Einwohnerzahl: 1871 – 174 340
1910 – 257 210
Hauptstädte: Coburg und Gotha

Wappen:

2	3	4	5
6	7	8	9
	1		
10 ab	11	12	13
14	15	16	17
18	19	20	21
22	23	24	

1 Stammwappen des Hauses Sachsen (Wettin, Ernestinische Linie)
2 Herzogtum Jülich (Erbanspruch)
3 Herzogtum Kleve (Erbanspruch)
4 Herzogtum Berg (Erbanspruch)
5 Herzogtum Engern (Erbanspruch)
6 Herzogtum Westfalen (Erbanspruch)
7 Herzogtum Coburg
8 Landgrafschaft Thüringen (auch für Herzogtum Gotha)
9 Markgrafschaft Meißen
10a Gefürstete Grafschaft Henneberg
10b Herrschaft Römhild (im Kreis Hildburghausen)
11 Fürstentum Lichtenberg (i. d. Pfalz, bis 1834 zum Herzogtum gehörend)
12 Pfalzgrafschaft Sachsen
13 Pfalzgrafschaft Thüringen
14 Markgrafschaft Landsberg
15 Grafschaft Bre(h)na (im Kreis Bitterfeld)
16 Grafschaft Orlamünde (im Kreis Stadtroda)
17 Herrschaft Pleißen
18 Burggrafschaft Altenburg i. Thür.
19 Herrschaft Eisenberg (im Kreis Stadtroda)
20 Grafschaft Mark i. Westf. (Erbanspruch)
21 Grafschaft Ravensberg i. Westf. (Erbanspruch)
22 Herrschaft Ravenstein in Nordbrabant (Erbanspruch)
23 Herrschaft Tonna (im Kreis Gotha)
24 Regalienfeld

HERZOGTUM SACHSEN-COBURG UND GOTHA

Großes Wappen

Anhalt

Herzogtum

Fläche: 2 300 qkm
Einwohnerzahl: 1871 – 203 440
1910 – 331 050
Hauptstadt: Dessau

Wappen:

2	3	4
5	1	6
7	8	9
10	11	12

1 Stammwappen der Askanier und kleines Staatswappen
2 Herzogtum Sachsen (Anspruchswappen)
3 Pfalzgrafschaft Sachsen (Anspruchswappen)
4 Herzogtum Engern (Anspruchswappen)
5 Herzogtum Bernburg (zugleich Geschlecht der Beringer)
6 Herrschaft Ballenstedt (im gleichnamigen Kreis)
7 Grafschaft Aschersleben (oder Askanien)
8 Grafschaft Waldersee
9 Grafschaft Warmsdorf (im Kreis Bernburg)
10 Grafschaft Mühlingen
11 Regalienfeld
12 Herrschaft Bernburg

Normative Festlegung: Herzogliche Wappennormale von 1887

Literatur: Wilhelm v. Knobelsdorff: Das Stammwappen der Anhaltiner. In: Mitteilungen des Vereins Kleeblatt, Hannover 12 (1901), S. 14 ff.

HERZOGTUM ANHALT
Größeres Wappen

Schwarzburg-Rudolstadt
und
Schwarzburg-Sondershausen

Fürstentümer

Fläche: Schwbg.-Rudolstadt: 940 qkm
Schwbg.-Sondershausen: 862 qkm

Einwohnerzahl: Schwbg.-Rudolstadt: 1871 – 75 520
1910 – 100 710
Schwbg.-Sondershsn.: 1871 – 67 190
1910 – 89 980

Hauptstädte: Rudolstadt, Sondershausen

Wappen:

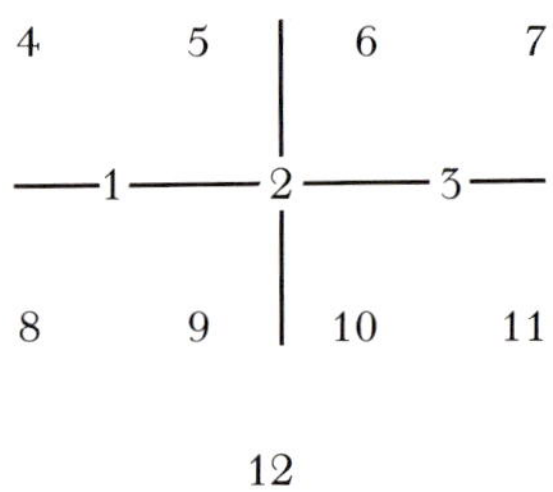

1 Stammwappen der Grafen von Schwarzburg
2 kaiserl. Gnadenwappen anläßlich der Erhebung in den Fürstenstand (1697 bzw. 1710); zusammen mit Feld 12 als kleines Wappen gebraucht
3 Herrschaft Klettenberg (im Kreis Nordhausen i. Thür.)
4 und 9 Herrschaft Arnstadt i. Thür.
5 und 8 Herrschaft Sondershausen
6 und 11 Grafschaft Hohnstein (im Kreis Nordhausen in Thür.)
7 und 10 Grafschaft Lauterberg (im Kreis Osterode i. Harz)
12 Regalienfeld (wegen Silberbergbaues im Harz und der Herrschaft Leutenberg)

Im Wappen von Schwbg.-Rudolstadt ist Feld 12 silbern, bei Schwbg.-Sondershausen golden.

Die einander reziproken Felder werden durch das sog. „Viergrafenkreuz" voneinander getrennt.

Literatur: Ernst Fischer: Die Münzen des Hauses Schwarzburg, Heidelberg 1904

FÜRSTENTÜMER SCHWARZBURG

Großes Wappen

Waldeck und Pyrmont

Fürstentum

Fläche: 1 121 qkm
Einwohnerzahl: 1871 – 56 225
1910 – 61 725
Hauptstadt: Arolsen

Wappen:

2	3	4
5	1	6
7	8	9

1 Stammwappen der Grafen von Waldeck
2 und 9 Grafschaft Pyrmont
3 und 8 Grafschaft Rappoltstein i. Elsaß (Erbanspruch)
4 und 7 Herrschaft Hohenack i. Elsaß (Erbanspruch)
5 und 6 Herrschaft Geroldseck i. Elsaß (Erbanspruch)

Als kleines Staatswappen wurde ein von Waldeck (Feld 1) und Pyrmont (Feld 2) gespaltener Schild gebraucht.

Literatur: Hans Joachim v. Brockhusen: Der Stern von Waldeck in „Geschichtsblätter für Waldeck und Pyrmont“ 41 (1949), S. 65–72

FÜRSTENTUM WALDECK UND PYRMONT
Großes Wappen

Reuß (ältere und jüngere Linie)

Fürstentümer

Fläche: Reuß ältere Linie: 316 qkm
Reuß jüngere Linie: 826 qkm
Einwohnerzahl: Reuß ältere Linie: 1871 – 46 000
1910 – 72 620
Reuß jüngere Linie: 1871 – 89 030
1910 – 152 765
Hauptstädte: Reuß ältere Linie: Greiz
Reuß jüngere Linie: Schleiz

Wappen:

1	2
3	4

1 und 4 Stammwappen der Grafen Reuß, Vögte zu Plauen
2 und 3 Herrschaft Kranichfeld (im Kreis Weimar)

Literatur: Zum Wappen der Fürsten Reuß jüngerer Linie. In: Mitteilungen des Vereins Kleeblatt, Hannover 13 (1902), S. 60

FÜRSTENTÜMER REUSS

Staatswappen

Schaumburg-Lippe

Fürstentum

Fläche: 340 qkm
Einwohnerzahl: 1871 – 32 000
1910 – 46 650
Hauptstadt: Bückeburg

Wappen:

2		3
	1	
4		5

1 Stammwappen der (1640 im Hauptstamm ausgestorbenen) Grafen von Schaumburg (auch Schauenburg)
2 und 3 Grafschaft Lippe
4 und 5 Grafschaft Schwalenberg (im Kreis Lippe)

Gesetzliche Festlegung: Verordnung betr. das fürstlich Schaumburg-Lippische Staatswappen vom 27. Mai 1904

Literatur: Peter Veddeler: Die lippische Rose – Entstehung und Entwicklung des lippischen Wappens bis zur Gegenwart, Detmold 1978, S. 45–49

FÜRSTENTUM SCHAUMBURG-LIPPE

Staatswappen

Lippe

Fürstentum

Fläche: 1 215 qkm
Einwohnerzahl: 1871 – 111 135
1910 – 150 750
Hauptstadt: Detmold

Wappen:

3	2	4
5	1	6
8	7	9

1 Stammwappen der Grafen zur Lippe
2 und 7 Grafschaft Schwalenberg (im Kreis Lippe)
3 und 9 Herrschaft Vianen (bei Utrecht)
4 und 8 Herrschaft Ameiden (bei Utrecht)
5 und 6 Grafschaft Sternberg (im Kreis Lippe)

Als kleines Staatswappen wurde das Stammwappen (Feld 1) gebraucht.

Literatur: Peter Veddeler: Die lippische Rose. Entstehung und Entwicklung des lippischen Wappens bis zur Gegenwart, Detmold 1978

F. Köhler: Geschichte des Fürstlich Lippischen Wappens, Detmold 1893

FÜRSTENTUM LIPPE

Großes Wappen

Lübeck

Freie und Hansestadt

Fläche: 298 qkm
Einwohnerzahl: 1871 – 52 160
1910 – 116 530

Wappen:

Ströhl bildet nur das kleinere Wappen farbig ab.

Das größere Wappen ist wie folgt zu beschreiben:
In Gold ein rot-bewehrter und -gezungter schwarzer Doppeladler, belegt mit einem silbern-rot geteilten Brustschild.
Auf dem golden-gekrönten Helm mit rot-silbernen Decken ein wachsender einköpfiger rot-bewehrter schwarzer Adler.
Der Schild wird von zwei rot-gezungten goldenen Löwen gehalten.

Literatur: Johannes Kretschmar: Wappen und Farben von Lübeck. In: Lübische Forschungen. Jahrhundertgabe des Vereins f. Lüb. Gesch. u. Altertumskunde, 1921

FREIE UND HANSESTADT LÜBECK

Kleines Wappen

Bremen

Freie und Hansestadt

Fläche: 256 qkm
Einwohnerzahl: 1871 – 122 400
1910 – 298 740

Wappen:

Gesetzliche Festlegung: Bekanntmachung, betr. Vorschriften über das Bremische Staatswappen vom 17. 11. 1891 (Brem. Ges. Bl. S. 124)

Literatur: Wilhelm von Bippen: Die Entwicklung des bremischen Wappens. In: Jahrb. d. brem. Sammlungen 4 (1911), 1. Halbband, S. 1 ff.

Hermann Tardel: Der Bremer Schlüssel. Zur Geschichte des Wahrzeichens, Bremen 1946

E. Grohne: Zur Geschichte der deutschen und bremischen Hoheitszeichen. In: Bremisches Jahrbuch 46 (1959)

FREIE UND HANSESTADT BREMEN
Größeres Wappen

Hamburg

Freie und Hansestadt

Fläche: 414 qkm
Einwohnerzahl: 1871 – 338 975
1910 – 1 015 710

Wappen:

Gesetzliche Festlegung: Beschluß des Hamburger Senats vom 6. 6. 1834

Literatur: Cypriano F. Gaedechens: Der Freien und Hansestadt Hamburg Wappen, Siegel, Flaggen und Cocarde, Hamburg 1855

FREIE UND HANSESTADT HAMBURG

Großes Wappen

Elsaß-Lothringen

Reichslande

Fläche: 14 517 qkm
Einwohnerzahl: 1871 – 1 549 740
1918 – 1 871 700
Hauptstadt: Straßburg i. Elsaß

Wappen:

Der Reichsadler,
belegt mit einem mit Fürstenhut gekrönten Herzschild:

1

3

2

1 Landgrafschaft Oberelsaß: In Rot ein beiderseits von drei (1, 2) goldenen Kronen nach der Figur begleiteter goldener Schrägbalken

2 Landgrafschaft Unterelsaß: In Rot ein beiderseits von einem silbernen Rautenkranz begleiteter silberner Schrägbalken

3 Herzogtum Lothringen: In Gold ein mit drei gestümmelten silbernen Adlern nach der Figur belegter roter Schrägbalken

Gesetzliche Festlegung: Kaiserl. Erlaß v. 29. 12. 1891 (GBl. f. Els.-Lothr. Nr. 3)

Literatur: Paul Martin: Das Wappen des Elsaß. In: Elsaß-Lothr. Jahrb. 1942, S. 28–56

Albert Uhlhorn: Die Landesfarben für Elsaß-Lothringen. In: Elsäß. Monatsschrift f. Gesch. u. Volkskunde, Zabern 1911

Julius Kindler v. Knobloch: Elsässische Studien. In: Der deutsche Herold 9 (1878), S. 127; Jg. 10 (1879), S. 85

M. Besler: Das Wappen von Lothringen. In: Jahrb. f. lothring. Gesch. u. Altertumskunde 1913, S. 1–40

Paul Wilh. Ullrich: Das neue Wappen der Reichslande. In: Der deutsche Herold, 1892, S. 63 f., 93–97

ELSASS-LOTHRINGEN

Reichslande

Standarten und Landesfarben

Deutsches Reich/Preußen

1 Standarte des Deutschen Kaisers

Normative Festlegung: Erlaß v. 3. 8. 1871 (ReichsGesBl 1871, S. 318)

2 Reichsfarben: Schwarz-Weiß-Rot

Gesetzliche Festlegung: Art. 55 der Verfassung des Deutschen Reiches v. 16. 4. 1871

Literatur: Paul Wentzke: Die deutschen Farben, ihre Entwicklung u. Deutung sowie ihre Stellung in der deutschen Geschichte, Heidelberg 1927

Veit Valentin und Ottfried Neubecker: Die deutschen Farben, Leipzig 1929
(Dort zahlreiche Hinweise auf weitere Literatur, auch zu den Farben Schwarz-Weiß-Rot)

3 Königreich Preußen
Landesfarben: Schwarz-Weiß

Literatur: Johann Friedrich Meuß: Die Geschichte der preußischen Flagge, Berlin 1916

Ernst Schultze: Der Ursprung der preußischen Nationalfarben Schwarz und Weiß: In: Arch. f. Stamm- u. Wappenkunde 17 (1916), S. 128

Zur Preußischen Königsflagge: Hohenzollern-Jahrbuch 17 (1913), S. 70–77

Heinrich Ahrens: Die preußische Wappenfahne. In: Der deutsche Herold 19 (1888), S. 68

1

2

3

Landesfarben

der preußischen Provinzen*

1 Provinz Brandenburg: Rot-Weiß

Normative Festlegung: Cabinets Ordre v. 22. 10. 1882 (Preuß. Staatsanz. 1882 Nr. 264)

2 Provinz Hannover: Gelb-Weiß

Normative Festlegung: Cabinets Ordre v. 22. 10. 1882 (Preuß. Staatsanz. 1882 Nr. 264)

Literatur: Paul Krause: Zur Hannoverschen Flagge. In: Stader Archiv, 1939, S. 239
Hannoversche Geschichtsblätter, 1935, S. 83–108

3 Provinz Hessen-Nassau: Rot-Weiß-Blau

Normative Festlegung: Cabinets Ordre v. 3. 6. 1892 (Preuß. Staatsanz. Nr. 3, S. 143)

4 Provinz Ostpreußen: Schwarz-Weiß

Normative Festlegung: Cabinets Ordre v. 22. 10. 1882 (Preuß. Staatsanz. 1882 Nr. 264)

5 Provinz Pommern: Blau-Weiß

Normative Festlegung: Cabinets Ordre v. 22. 10. 1882 (Preuß. Staatsanz. 1882 Nr. 264)

6 Provinz Posen: Weiß-Schwarz-Weiß

Normative Festlegung: Cabinets Orde v. 9. 11. 1896 (von 1882–1896 wurden die Farben Rot-Weiß geführt)

* *Literatur:* Über die Verhandlungen einzelner Provinziallandtage zur Frage der Landesfarben teilt Gustav A. Seyler in seiner Geschichte der Heraldik, Nürnberg 1890 (Neudruck Neustadt a. d. Aisch 1970), S. 727 ff. interessante Einzelheiten mit.

1

2

3

4

5

6

Landesfarben

der preußischen Provinzen

7 Provinz Rheinland: Grün-Weiß

Normative Festlegung: Cabinets Ordre v. 22. 10. 1882 (Preuß. Staatsanz. 1882 Nr. 264)

8 Provinz Sachsen: Schwarz-Gelb

Normative Festlegung: Cabinets Ordre v. 28. 4. 1884 (Preuß. Staatsanz. 1884 Nr. 110)

9 Provinz Schlesien: Weiß-Gelb

Normative Festlegung: Cabinets Ordre v. 22. 10. 1882 (Preuß. Staatsanz. 1882 Nr. 264)

Literatur: H. Schmidt: Die schlesischen Landesfarben. In: Schlesische Zeitung, 1881, Nr. 277 und in: Der deutsche Herold 12 (1881), S. 88, 122

10 Provinz Schleswig-Holstein: Blau-Weiß-Rot

Normative Festlegung fehlte. Die Farben waren im Befreiungskampf gegen Dänemark entstanden.

Literatur: C. O. Heiberg: Schleswig-Holsteins Wappen, Flaggen und Farben, 2. Aufl. 1845

11 Provinz Westfalen: Weiß-Rot

Normative Festlegung: Cabinets Ordre v. 22. 10. 1882 (Preuß. Staatsanz. 1882 Nr. 264)

12 Provinz Westpreußen: Schwarz-Weiß-Schwarz

Normative Festlegung: Cabinets Ordre v. 22. 10. 1882 (Preuß. Staatsanz. 1882 Nr. 264)

13 Hohenzollernsche Lande: Weiß-Schwarz

Normative Festlegung: Cabinets Ordre v. 22. 10. 1882 (Preuß. Staatsanz. 1882 Nr. 164)

7

8

9

10

11

12

13

Landesfarben

1 Königreich Bayern: Weiß-Blau

2 Königreich Sachsen: Weiß-Grün

Normative Festlegung: Kgl. Reskript v. 16. 6. 1815

3 Königreich Württemberg: Schwarz-Dunkelrot

Literatur: Besondere Beilage des Staatsanz. für Württemberg 1896, Nr. 13 (v. 30. 7. 1896), S. 221

4 Großherzogtum Baden: Gelb-Rot-Gelb

Normative Festlegung: Erlaß v. 17. 12. 1891 (Staatsanz. für Baden v. 30. 12. 1891, Nr. 39)

5 Großherzogtum Hessen: Rot-Weiß

6 Großherzogtum Mecklenburg-Schwerin: Blau-Gelb-Rot
Großherzogtum Mecklenburg-Strelitz: Blau-Gelb-Rot

Normative Festlegung: Verordnung v. 23. 12. 1863 (Reg.Blatt f. Mecklbg.-Schwerin 1864, Nr. 2)
Verordnung v. 4. 1. 1864 (Reg.Bl. f. Mecklbg.-Strelitz)

7 Großherzogtum Sachsen: Schwarz-Gelb-Grün

8 Großherzogtum Oldenburg: Rot-Blau

Literatur: Hermann Lübbing: Blau und Rot? – Gelb und Rot? Welches sind die Oldenburger Farben? In: Oldenburg. Hauskalender, 1953, S. 5–7, mit Abb.

1

2

3

4

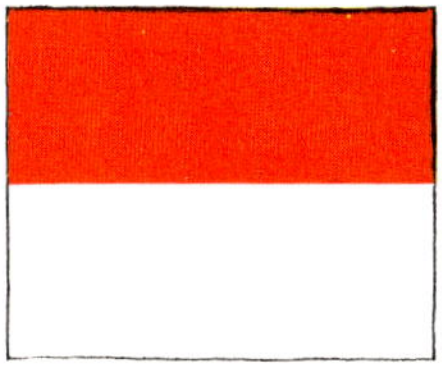

5

6

7

8

Landesfarben

1 Herzogtum Braunschweig: Blau-Gelb

Literatur: Georg Möller: Die Standarte des Herzogs von Braunschweig. In: Der deutsche Herold, 1914, S. 150

2 Herzogtum Sachsen-Meiningen: Grün-Weiß
Herzogtum Sachsen-Coburg und Gotha: Grün-Weiß

3 Herzogtum Sachsen-Altenburg: Weiß-Grün

Literatur: Zur Sachsen-Altenburgischen Flagge. In: Altenburger Landeszeitung v. 21. 6. 1932

4 Herzogtum Anhalt: Rot-Grün-Weiß

5 Fürstentum Schwarzburg-Rudolstadt: Blau-Weiß
Fürstentum Schwarzburg-Sondershausen: Blau-Weiß

Normative Festlegung: Vereinbarung von 1866

6 Fürstentum Reuß ältere Linie: Schwarz-Rot-Gelb
Fürstentum Reuß jüngere Linie: Schwarz-Rot-Gelb

Literatur: Festschrift zum 25jähr. Reg. Jubiläum Fürst Heinrichs XIV., 1892, S. 1–39

7 Fürstentum Schaumburg-Lippe: Weiß-Rot-Blau

8 Fürstentum Lippe: Gelb-Rot

Literatur: Erich Kittel: Die lippische Flagge. In: Lippisches Hausbuch, 1950, S. 41–43

9 Fürstentum Waldeck und Pyrmont: Schwarz-Rot-Gelb

1

2

3

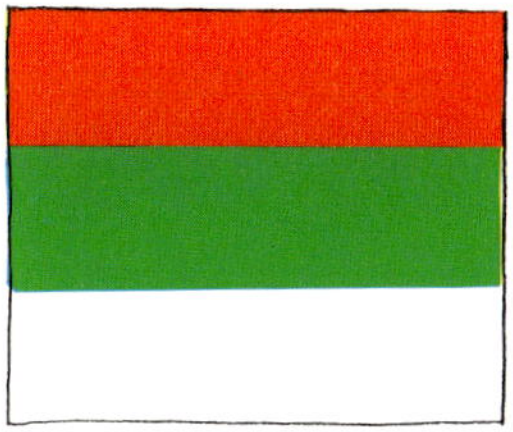
4

5

6 und 9

7

8

Landesflaggen

1 Freie und Hansestadt Lübeck: Weiß-Rot

Normative Festlegung: Senatsschl. v. 19. 11. 1890

Literatur: Ztschr. d. Vereins f. lübische Geschichte u. Altertumskunde 23 (1926), I., S. 133–171

2 Freie und Hansestadt Bremen: Rot-Weiß mindestens siebenmal gestreift (d. h. 4 rote und 4 weiße Streifen abwechselnd), längs des Flaggenstocks in zwei Reihen gewürfelt, in verwechselten Farben.

Normative Festlegung: Senatsbeschl. v. 13. 11. 1891 (GesBl Bremen 1891, Nr. 23)

3 Freie und Hansestadt Hamburg:
In rotem Felde die silberne Burg – wie im Landeswappen

Normative Festlegung: Senatsbeschluß v. 6. 6. 1834

Literatur: Cypriano F. Gaedechens: Der freien und Hansestadt Hamburg Wappen, Siegel, Flagge und Cocarde, Hamburg 1855

Heinz Reincke: Geschichte der hamburgischen Flagge. In: Hamburger Übersee-Jahrb., 1926

1

2

3

Nachwort

Von Jürgen Arndt

Die Wappenkunde oder Heraldik ist auch dem historisch Gebildeten im allgemeinen bis heute eine Terra incognita – ein kaum in seinen Grundzügen bekannter Wissenszweig. Allenfalls sind dem geschichtlich interessierten Leser einzelne Wappenfiguren in ihrem Zusammenhang mit einem bestimmten Land geläufig, so z. B. die bourbonischen Lilien des Ancien régime in Frankreich, die lippische Rose, das Sachsenroß, das holsteinische Nesselblatt, der preußische Adler, der bayerische Löwe u. ä. Dabei wäre es freilich voreilig, jedes Vorkommen von Lilien in einem Wappen als Beleg für französische Abstammung, oder der roten Rose als Beweis für Zusammenhänge mit Lippe anzusehen, ganz zu schweigen von der Deutung bei Löwen oder Adlern. Immerhin dokumentiert sich in solchen gedanklichen Assoziationen das Bewußtsein, daß vor allem die Wappen der Staaten so stark mit deren allgemeiner Geschichte verbunden sind, daß ihre Entwicklung in einem gegenseitigen Abhängigkeitsverhältnis steht, dessen nähere Betrachtung durchaus reizvoll ist. So wendet sich dieses Büchlein auch nicht in erster Linie an Heraldiker, sondern vorzugsweise an geschichtlich und kunstgeschichtlich allgemein interessierte Leser, die sich über die Staatssymbole des kaiserlichen Deutschlands und seiner Gliedstaaten während der Epoche 1871–1918 unterrichten möchten.

Wer sich heute über die Hoheitszeichen eines modernen Staates informieren will, braucht dazu meist nur einen Blick in dessen Verfassungsurkunde und die zu ihrer Ausführung erlassenen Bestimmungen zu werfen. Alle modernen Staaten, selbst die erst seit 1950 aus der Kolonialherrschaft entlassenen Staatsgebilde der Dritten Welt, pflegen den Symbolen ihrer Staatshoheit – Wappen, Siegel, Flaggen – so große Bedeutung beizumessen, daß deren Gestaltung zumeist in ihren Grundzügen bereits in der Verfassungsurkunde geregelt wird.

Seit 1919 ist dies auch in Deutschland so gehandhabt worden. Zur Erleichterung für den Amtsgebrauch hat das Reichsministerium des Innern 1929 sogar eine Zusammenstellung der amtlichen Muster der „Wappen und Flaggen des Deutschen Reiches und der deutschen Länder“ (Berlin, Reichsdruckerei) herausgegeben. Dieser löblichen Übung ist das Bundesministerium des Innern mit einer ähnlichen Veröffentli-

chung „Wappen und Flaggen der Bundesrepublik Deutschland und der Bundesländer“ (2. Aufl., Köln 1966) gefolgt.
Für das kaiserliche Deutschland der Epoche 1871–1918 fehlt es hingegen an einer vergleichbaren *amtlichen* Publikation der Hoheitszeichen.
Die eiligst von Bismarck zusammengebastelte Verfassung des Deutschen Reiches vom 16. 4. 1871 widmete den Staatssymbolen des Reiches auch keine sonderliche Aufmerksamkeit. Nur das Notwendigste, nämlich die Flagge der Kriegs- und Handelsmarine, war unter dem Abschnitt IX „Marine und Schiffahrt“ in Art. 55 kurz als „schwarz-weiß-roth“ angegeben. Weder das Wappen des Reiches noch das seines Staatsoberhauptes, das in dieser Verfassung unter dem Abschnitt IV „Präsidium“ mit dem Namen „Deutscher Kaiser“ erscheint, waren dort einer Regelung für würdig oder notwendig befunden worden. Das hing natürlich auch mit den Auseinandersetzungen zusammen, die Bismarck mit seinem König über dessen Stellung als Reichsoberhaupt zu führen hatte. So nimmt es denn nicht wunder, daß die Reichsverfassung vom 16. 4. 1871 eigentlich nur eine erweiterte Verfassung des Norddeutschen Bundes vom 17. 4. 1867 war, die ja ebenfalls den König von Preußen als „Präsidium“ auswies.
Auch nach den Reichsgründungsakten von 1867 und 1870 lag der Akzent weiterhin bei den Einzelstaaten, jedenfalls soweit es die hier allein interessierenden Fragen der Staatssymbolik anging. So führten die Bundesstaaten des Bundes von 1867 und des Reiches von 1871 selbstverständlich ihre eigenen Wappen, Flaggen und Siegel weiter. Diese waren teilweise seit 1815 gesetzlich geregelt worden oder – bei den kleineren Staaten – lediglich historisch gewachsen, z. B. bei der Erhebung der betreffenden Dynastien in den Fürstenstand durch ein Diplom des Kaisers des Heiligen Römischen Reiches festgelegt worden. Der Buntscheckigkeit des aus 22 dynastisch verfaßten Staaten, drei Stadtrepubliken und den vom Kaiser durch einen Statthalter regierten Reichslanden Elsaß-Lothringen bestehenden Reiches entsprach die seiner Staatssymbolik. Auch aus diesem Grunde empfahl es sich, die Reihen- bzw. Rangfolge der Bundesstaaten, wie sie in Art. 1 der Reichsverfassung vom 16. 4. 1871 festgelegt ist, auch für die vorliegende Veröffentlichung beizubehalten.*

* Hingegen ist in den Erläuterungen die Reihenfolge der einzelnen Wappen*felder,* die früher meist derjenigen der offiziellen Titulatur der Herrscher entsprach, zur Vereinfachung geändert worden, d. h. es wird von links oben beginnend bis rechts unten durchgezählt.

Selbstverständlich hat sich die damalige heraldische Literatur des Themas der Staatssymbolik angenommen. In diesem Zusammenhang sei vor allem auf die einschlägigen Bände des Neuen Siebmacherschen Wappenbuches (Nürnberg 1854–1961) hingewiesen, von denen vorzugsweise die folgenden sich mit der Heraldik der deutschen Bundesstaaten beschäftigen:

Otto Titan von Hefner: Die Wappen der Souveraine der deutschen Bundesstaaten (Bd. I. Abt. 1, Teil 1), 1856 – Neudruck Neustadt a. d. Aisch 1978

Gustav Adolf Seyler: Wappen der deutschen Souveraine und Lande (Bd. I, Abt. 1, Teil 2, 3 und 4), 1909, 1916 und 1921

Gustav Adolf Seyler: Wappenwesen der preußischen Provinzen, Landesteile und Landesbehörden (Bd. I, Abt. 1, Teil 5), 1929 – nur die 1. Lieferung erschienen

Maximilian Gritzner: Flaggen 1878 (Bd. I, Abt. 6 des Neuen Siebmacherschen Wappenbuches)

Gustav Adolf Seyler: Geschichte der Heraldik, Bd. I, Nürnberg 1890 – Neudruck Neustadt a. d. Aisch 1970, insbes. S. 719–729.

Neben diesen und anderen kleineren Werken hat aber vor allem der österreichische Heraldiker Hugo Gerard Ströhl mit seinem 1897 in Stuttgart erschienenen Prachtband „Deutsche Wappenrolle" dem Bedürfnis nach Information über die Staatssymbole des Reiches und seiner Bundesstaaten Rechnung getragen. Dieses Buch zeichnet sich durch seine – dem Stile der damaligen Zeit entsprechenden – farbigen Wappen- und Flaggendarstellungen sowie durch sorgfältige wissenschaftliche Erläuterungen aus.
Aus dem Abbildungsteil dieses Werkes wird in dem vorliegenden Büchlein eine Auswahl angeboten, die es dem Leser ermöglichen soll, die Kontinuität der seitherigen Entwicklung auf historischem und heraldischem Gebiet anhand der Wappen (und Flaggen) zu verfolgen. Um dies zu verdeutlichen, wurde eine Übersicht der heutigen Wappen des Bundes und der Länder, einheitlich gestaltet von der Meisterhand des Heraldikers Heinz Ritt, Bad Nauheim, angefügt (vgl. S. 105).
Nahezu alle der heute in unseren Länderwappen vorkommenden heraldischen Symbole finden wir bereits in den vielfeldigen Wappen der Bundesstaaten des Kaiserreichs und der preußischen Provinzen, aus denen ja im wesentlichen drei der heutigen Bundesländer – Niedersachsen, Nordrhein-Westfalen und Schleswig-Holstein – hervorgegangen sind. Im übrigen versteht sich das von selbst für die Wappen der Stadt-

staaten Bremen und Hamburg, da ja die Wappen der Städte – ebenso wie die der geistlichen Fürstentümer – von denen ihrer jeweiligen Obrigkeitsträger unabhängig und daher grundsätzlich unwandelbar waren. Aber auch in den dynastisch regierten Territorien waren die Wappen ihrer Herrschergeschlechter im Laufe der Zeit fast überall auch zu Landeswappen geworden.

So gilt der von den Wittelsbachern – ursprünglich von den Grafen von Bogen – als Familienwappen geführte Rautenschild heute als typisch bayerisches Symbol; die drei staufischen Löwen haben sich im Wappen Baden-Württembergs und als Zeichen des schwäbischen Landesteils auch im bayerischen Wappen erhalten. Dort steht auch der sog. pfälzische Löwe, gleichfalls ein Stammwappen der Wittelsbacher, als Hinweis auf die (frühere) Zugehörigkeit der Pfalz zum bayerischen Gesamtstaat, bzw. als nunmehr „bayerischer" Löwe. Daß dieser dann auch im Wappen von Rheinland-Pfalz und in dem des Saarlandes wiederkehrt, ist nur folgerichtig. Da diese beiden Länder in ihrer heutigen Abgrenzung – ebenso wie das ähnlich entstandene Nordrhein-Westfalen – ziemlich willkürliche Gebilde der Besatzungsgeographie nach 1945 sind, finden wir in ihren Wappen die Wappen der hauptsächlichen Territorialherren des alten Reiches (vor 1806), z. B. der Erzbistümer Trier (im rheinlandpfälzischen und saarländischen Wappen) und Mainz (im rheinlandpfälzischen), der Herzöge von Lothringen (im saarländischen) wieder, die vor 1919 in den großen Wappen Hessens, Nassaus (bis 1866) bzw. der Reichslande Elsaß-Lothringen vorkamen. Die Rose des kleinen Fürstentums Lippe hat wenigstens in dem „Zwickel" des nordrhein-westfälischen Wappens überlebt.

Manche Wappenfiguren hatten infolge dynastischer Erbteilungen sich zahlreich vermehrt, so daß sie gleichzeitig in den Wappen mehrerer Bundesstaaten des Kaiserreiches vorkamen. Dazu gehören z. B. das schaumburgische Nesselblatt und der Thüringer Löwe. Das Stammwappen der im Weserbergland beheimateten Grafen von Schaumburg (Schauenburg) war von dort zunächst nach Holstein gewandert, weil ein Zweig des Grafenhauses dort bis 1459 regierte. Nach seinem Aussterben jedoch war deren Familienwappen als „Landeswappen" Holsteins erhalten geblieben und als solches im großen Wappen Preußens sowie bis heute im Wappen Schleswig-Holsteins, bis 1919 auch im Wappen des Großherzogtums Oldenburg erschienen, dessen Dynastie bekanntlich mit der des dänischen Königshauses verwandt ist, in dessen großem Wappen das Nesselblatt daher ebenfalls noch bis heute erhalten ist.

Wappen
und der
des Bundes
Länder
BREMEN
H.R.
61
HAMBURG
SCHLESW.-HOLSTEIN
BERLIN
NORDRHEIN-WESTF.
RHEINLAND-PFALZ
HESSEN
BADEN-WÜRTTEMB.
BAYERN
NIEDERSACHSEN
SAARLAND

Aber auch der erst 1640 ausgestorbene Hauptstamm der weserländischen Schaumburger Grafen hat sein Nesselblatt-Wappen noch vielfältig vererbt. Bei der Aufteilung der Grafschaft unter den Häusern Lippe und Hessen-Kassel wurde es in deren Wappen übernommen und lebt heute wenigstens als Wappen des durch die niedersächsische Kreisreform von 1977 „wiedervereinigten“ Kreises Schaumburg fort, der nahezu das gesamte Gebiet der alten Grafschaft umfaßt.

Der silbern-rot mehrfach gestreifte Löwe im blauen Schild war ursprünglich das Wappen der Landgrafen von Thüringen, von denen er durch die Heirat einer Tochter der hl. Elisabeth, Landgräfin von Thüringen, mit dem Beherrscher der hessischen Lande und durch das gleichzeitige Aussterben des Mannesstammes der alten Thüringer Landgrafen im Jahre 1247 zum Wappen der Landgrafen von Hessen wurde. Gleichwohl führten ihn auch die Wettiner, nachdem sie die kaiserliche Belehnung mit der Landgrafschaft Thüringen in einem Erbfolgekrieg behaupten konnten, nunmehr in ihrem Wappen. Und so erscheint dieser gestreifte Löwe bis 1919 in den Wappen von nicht weniger als sieben Bundesstaaten, nämlich Preußens (das 1866 Kurhessen annektiert hatte), des Großherzogtums Hessen, des Königreichs Sachsen und in den Wappen der Ernestinischen Linie des Hauses Wettin, dem Großherzogtum Sachsen (-Weimar) und den Herzogtümern Sachsen-Altenburg, Sachsen-Coburg und Gotha und Sachsen-Meiningen.

Ferner sei noch auf ein weiteres Kuriosum hingewiesen: die sog. Anspruchswappen, durch die echte oder vermeintliche Erbansprüche der Dynastien sinnfällig dokumentiert werden sollten. Wie zählebig solche Erbansprüche verfochten wurden, mag am Beispiel der Erbmasse gezeigt werden, die nach dem Aussterben der niederrheinischen Dynastie 1609 zum Streitobjekt zwischen den Häusern Brandenburg, Sachsen und Pfalz-Neuburg wurde. Die dem Erbstreit unterliegenden Länder, nämlich die Herzogtümer Jülich, Berg und Kleve sowie die Grafschaften Mark und Ravensberg, wurden nach heftigen Auseinandersetzungen 1614 zwischen Kurbrandenburg, das Kleve, Mark und Ravensberg, und Pfalz-Neuburg, das Jülich und Berg erhielt, aufgeteilt. Dagegen ging das Haus Sachsen leer aus, obwohl es schon 1610 vom Kaiser mit diesen Gebieten belehnt worden war. Die Wettiner beider Linien haben auf diese Erbansprüche niemals verzichtet, und so finden sich die Wappen der Herzogtümer Jülich, Kleve, Berg und der Grafschaften Mark und Ravensberg (manchmal sogar auch das Wappen des Herzogtums Westfalen) in den großen Wappen nicht nur des Königreichs Sachsen, sondern auch der winzigen Herzogtümer der Thüringer Ernestinischen

Linie: Sachsen-Altenburg, Sachsen-Coburg und Gotha und Sachsen-Meiningen bis 1919! Daß sie außerdem im großen preußischen Staatswappen vorkommen, wirkt demgegenüber legitim.
Schließlich sei auf ein für moderne Menschen kaum noch verständliches Phänomen aufmerksam gemacht:
Im Spätmittelalter hatte sich die Auffassung durchgesetzt, daß ein unmittelbarer Zusammenhang zwischen dem von Karl dem Großen erneuerten „römischen“, auf die deutsche Nation übertragenen Kaisertum und den Imperatoren des klassischen römischen Altertums bestehe; mit solcher Begründung hat man z. B. auch die vermeintliche (Weiter-)Geltung des römischen Rechts im mittelalterlichen Deutschland gerechtfertigt. Diese Denkweise wirkte sich – vor allem im Zeitalter des Humanismus – u. a. auch dahin aus, daß viele der Dynasten des Reiches bestrebt waren, mit Hilfe der Genealogie ihre Herkunft von irgendwelchen römisch-italienischen Adelsgeschlechtern abzuleiten, die ihrerseits längst schon einen bis auf antike römische Geschlechter zurückgeführten vermeintlichen Stammbaum vorweisen konnten. Das führte zu zahllosen genealogischen Phantastereien ohne jeden wissenschaftlichen Hintergrund oder gar Beweiswert.
Diesem beliebten Spiel unterlag auch ein im 12. und 13. Jahrhundert zu Macht und Ansehen gekommenes fränkisch-thüringisches Dynastengeschlecht, die Grafen von Henneberg, die 1583 im Mannesstamm ausstarben. Sie ließen die Theorie aufstellen, daß sie von den römischen Fürsten Colonna abstammten, die ihnen diesen Unfug merkwürdigerweise auch noch urkundlich 1466 bestätigten. Daraufhin übernahm ein Zweig dieser Thüringer Grafen, die Linie Aschach-Römhild, das redende Wappen der römischen Fürsten Colonna (lat.: columna), in Rot eine goldengekrönte silberne Säule, in ihr Wappen. Als die gefürstete Grafschaft Henneberg dann 1583 zwischen den verschiedenen Linien des sächsischen Fürstenhauses und Hessen aufgeteilt wurde, gelangte auch das Colonna-Wappen – als Zeichen der Herrschaft Römhild – in die großen Wappen der wettinischen Herzogtümer Sachsen-Altenburg, Sachsen-Meiningen und Sachsen-Coburg und Gotha. Diese heraldische Mystifikation verblieb also bis 1918 in drei deutschen Landeswappen!
Diese wenigen Beispiele von Wappenkontinuität mögen genügen, um dem geneigten Leser vor Augen zu führen, daß sich in den bunten Schilden ein Stück deutscher Geschichte niedergeschlagen hat, deren Vielfalt wir zur Positivseite unseres Kulturerbes rechnen dürfen.
Was nun die bildliche Darstellung der Wappen in dieser Zusammenstellung angeht, so erschien es angebracht, sie einem Werk zu entnehmen,

das dieser Zeitepoche entstammt und deren Stil widerspiegelt. Nachdem die Kunstrichtung der wilhelminischen Epoche jahrzehntelang nur negativ beurteilt worden war, versucht man heute, ihr mehr Gerechtigkeit widerfahren zu lassen. So mögen auch die naturalistischen Zeichnungen von Hugo Gerard Ströhl, der zu seiner Zeit als einer der fähigsten heraldischen Künstler angesehen wurde, als Dokumente des Zeitstils gewertet werden.

*

Hugo Gerard Ströhl wurde am 24. September 1851 in Wels/Oberösterreich als Sohn unbemittelter Eltern, als letzter Sproß einer ursprünglich aus Eichstätt/Bayern stammenden Familie geboren. Nach der Absolvierung der Oberrealschule seiner Heimatstadt ließ er sich auf dem Polytechnikum und sodann auf der Kunstgewerbeschule des Österreichischen Museums für Kunst und Industrie in Wien ausbilden (1873–1876), wo er später eine Stelle als Dozent für ornamentales und figürliches Zeichnen erhielt. Nebenher mußte er sich als privater Fachlehrer für kunstgewerbliches Zeichnen sowie als Mitarbeiter von Wiener Witzblättern zusätzliche Einnahmen verschaffen. Seit 1877 war Ströhl als Zeichenlehrer für Oberrealschulen tätig, einen Beruf, den er nur bis 1898 ausübte, um sich seitdem völlig seinen zeichnerischen Neigungen hingeben zu können. Nachdem er 1887 den beiden führenden deutschen heraldischen Fachgesellschaften, dem „Herold“ zu Berlin und dem „Adler“ zu Wien, beigetreten war, widmete er sich fast ausschließlich der Heraldik und veröffentlichte eine große Reihe heraldischer Prachtwerke, die ihm in der Fachwelt einen bleibenden Ruf sichern, so vor allem die „Österreichisch-Ungarische Wappenrolle“ (1890), die hier auszugsweise in einigen ihrer Abbildungen wiedergegebene „Deutsche Wappenrolle“ (1897), eine „Russisch-asiatische“ und eine „Russisch-europäische Wappenrolle“ (1901, 1902), ferner Werke über die Kommunalwappen Österreich-Ungarns, der Lombardei und Venetiens, Norwegens, über die Heraldik der katholischen Kirche und ihrer Päpste (1909, 1910) und – für die damalige Zeit besonders aufsehenerregend – ein „Japanisches Wappenbuch“ (1906). Weltberühmt wurde auch sein „Heraldischer Atlas“ (1899) ein Musterbuch, das heute noch seinen Platz in der heraldischen Literatur behaupten kann. Zusammen mit der Fülle seiner Aufsätze in den heraldischen Fachzeitschriften Deutschlands, Österreichs, der Schweiz und Italiens ergibt sich ein Lebenswerk von imponierender Fülle (vgl. im einzelnen die Bibliographie Ströhls in dem Buch von Egon Frh. v. Berchem: Heraldische Bibliographie, 1937, S. 597–600, die insgesamt über 80 Nummern aufzählt!).

Unvermählt starb der schaffensfreudige Künstler, der sich selbst scherzhaft als „Einsiedler von Heiligenstadt“ (Vorort von Wien) bezeichnet hatte, am 7. 12. 1919 in Mödling/NÖ. Seine Hauptbedeutung liegt wohl in der glücklichen Kombination von wissenschaftlicher Tätigkeit und künstlerischer Veranschaulichung. Es tut seinem Ruf keinen Abbruch, wenn wir heute feststellen, daß Ströhls künstlerische Leistung hinter der anderer Zeitgenossen, vor allem der von Otto Hupp (1859–1949), der in seinen „Münchner Kalendern“ 1897–1936 gleichfalls die Wappen der deutschen Bundesstaaten und ihrer Souveräne veröffentlichte, zurückbleibt. Gegenüber den historisierenden, aber doch mit großem künstlerischen Schwung komponierten Zeichnungen Hupps wirken Ströhls saubere, bis ins Detail peinlich korrekte naturalistische Darstellungen eher wie vorweg genommene Farbfotos von gestellten Modellen. Offenbar hat sich Ströhl bemüht, bei der Wiedergabe der ihm teilweise von zuständigen Behörden (Staatskanzleien, Staatsarchiven) zur Verfügung gestellten „authentischen“ Vorlagen, die natürlich dem damaligen Zeitgeschmack entsprachen, zeichnerisch möglichst wenig zu ändern, wenn er auch erfreulicherweise alle Wappen in einem einheitlichen Stil wiedergegeben hat, sich also nicht sklavisch an die sog. „amtlichen Muster“ gehalten hat, wie dies heute leider fast stets bei der Wiedergabe von Staats- und Kommunalwappen geschieht.
Das vorliegende Taschenbuch enthält eine Auswahl aus den insgesamt 22 Farbtafeln im Format 30 x 36 cm. Die Abbildungen der Wappen – im Original zumeist zwei je Tafel – wurden technisch verkleinert. Der an weiteren Einzelheiten interessierte Leser findet auf den 98 Textseiten der „Deutschen Wappenrolle“ eingehende Wappenbeschreibungen, einschließlich der „Wappenzubehörteile“ (Orden, Kronen, Standarten usw.) sowie zahlreiche Textabbildungen zu den verschiedenen Wappenformen (kleines, mittleres Wappen) – während die hier wiedergegebenen Farbtafeln fast ausnahmslos die sog. größeren Wappen abbilden.
In einem zweiten Teil des Ströhlschen Werkes werden die Standarten der Mitglieder der regierenden Fürstenhäuser, die Landesfarben und Kokarden und schließlich die Flaggen der deutschen Kriegs- und Handelsmarine, der deutschen Seeuferstaaten und der Kolonien abgebildet und beschrieben.
Aus den zu diesem zweiten Teil gehörigen Farbtafeln wurden für das vorliegende Taschenbuch nur die Flaggen der Hansestädte, die Reichs- und Landesfarben sowie die Farben der preußischen Provinzen nach den Vorlagen bei Ströhl neu gezeichnet. Dies gilt ebenfalls für die – als einzige hier wiedergegebene – Standarte des deutschen Kaisers, welche

– ebenso wie die späteren Standarten der Staatsoberhäupter der Weimarer Republik und der Bundesrepublik Deutschland – die schönen alten, seit dem 13. Jahrhundert nachgewiesenen Wappenfarben des alten Reiches: schwarz, golden und rot in der heraldisch richtigen Reihenfolge und in ästhetisch wirkungsvoller Weise zur Geltung bringt.
Möge das Büchlein die Leser nicht nur anregen, sich mit der Geschichte der deutschen Länder in den letzten Jahrhunderten, sondern auch mit der reizvollen Symbolsprache der Heraldik zu beschäftigen.
Dazu seien nachstehend einige kleinere und umfangreichere Werke aus der heraldischen Literatur der letzten Jahre angeführt:

Wappenfibel, Handbuch der Heraldik, herausgegeben vom HEROLD-Berlin, 16. Aufl., Neustadt a. d. Aisch 1970

Heinrich Hußmann: Über die deutsche Wappenkunst, Wiesbaden 1973

Walter Leonhard: Das große Buch der Wappenkunst, München 1976

Ottfried Neubecker: Heraldik, Frankfurt a. Main 1977

Klemens Stadler: Deutsche Wappen – Bundesrepublik Deutschland. Band 1–8, Bremen 1964–1971 – enthält die Wappen und Flaggen der Bundesländer, die Kreiswappen und die Kommunalwappen der wichtigsten Gemeinden der Bundesrepublik Deutschland.

Register

der wappen- und flaggenführenden Gebietskörperschaften

Die bibliophilen Taschenbücher

Bisher sind erschienen:

Die Gutenberg-Bibel, Band 1
Nach der Ausgabe von 1450–1455
Die bibliophilen Taschenbücher Nr. 1
Mit Nachworten von Wieland Schmidt
und Aloys Ruppel
320 Seiten,
14,80 DM

Lieder der Heimath
Nach der Ausgabe von 1868
Die bibliophilen Taschenbücher Nr. 2
140 S., 119 Abb.,
7,80 DM

Kladderadatsch
1. Jahrgang – 1848
Die bibliophilen Taschenbücher Nr. 3
140 S., 82 Abb.,
6,80 DM

Harriet Beecher Stowe
Onkel Tom's Hütte
Nach der Ausgabe von 1853
Die bibliophilen Taschenbücher Nr. 4
366 S., 40 Abb.,
12,80 DM

Ludwig Bechstein's Märchenbuch
Nach der Ausgabe von 1853
Die bibliophilen Taschenbücher Nr. 5
174 Holzschnitte von Ludwig Richter
280 Seiten,
9,80 DM

Franz Kugler/Adolph Menzel
Geschichte Friedrichs des Großen
Nach der Ausgabe von 1856
Die bibliophilen Taschenbücher Nr. 6
317 Illustrationen von Adolph Menzel
545 Seiten,
16,80 DM

Das Lob des Tugendsamen Weibes
Nach der Ausgabe von 1885
Die bibliophilen Taschenbücher Nr. 7
30 Illustrationen von L. von Kramer
60 Seiten,
6,80 DM

Pater Hilarion alias Joseph Richter
Bildergalerie weltlicher Misbräuche
Nach der Ausgabe von 1785
Die bibliophilen Taschenbücher Nr. 8
270 S., 20 Tafeln,
9,80 DM

Christoph Weigel
Abbild- und Beschreibung der Gemein-Nützlichen Haupt-Stände
Nach der Ausgabe von 1698
Die bibliophilen Taschenbücher Nr. 9
210 Tafeln, 434 Seiten,
14,80 DM

Theodore de Bry
Das vierdte Buch Von der neuwen Welt
Nach der Ausgabe von 1594
Die bibliophilen Taschenbücher Nr. 10
194 S., 26 Abb.,
9,80 DM

Zeitung für Pferdeliebhaber
Nach dem 1. Jahrgang 1825/26
Die bibliophilen Taschenbücher Nr. 11
414 S., 12 Tafeln,
14,80 DM

Praktische Konditoreikunst
Nach der Ausgabe von 1916
Die bibliophilen Taschenbücher Nr. 12
111 Farbtafeln, 242 S.,
16,80 DM

Ludwig Richter/A. E. Marschner
Alte und neue Studentenlieder
Nach der Ausgabe von 1844
Die bibliophilen Taschenbücher Nr. 13
66 Holzschnitte von Ludwig Richter
80 Seiten,
6,80 DM

Johann Elias Ridinger
Vorstellung und Beschreibung derer Schul und Campagne Pferden nach ihren Lectionen
Nach der Ausgabe von 1760
Die bibliophilen Taschenbücher Nr. 14
46 Tafeln, 118 Seiten,
9,80 DM

Hancarville
Bilder aus dem Privatleben der römischen Cäsaren
Nach der Ausgabe von 1906
Die bibliophilen Taschenbücher Nr. 15
Mit einem Nachwort von Henri Herbedé
51 Tafeln, 258 Seiten,
9,80 DM

Hans Dichand (Hrsg.)
Jugendstilpostkarten
Die bibliophilen Taschenbücher Nr. 16
Mit einem Nachwort von Hans Dichand und Künstlerbiographien von Michael Martischnig
69 Farbtafeln
164 Seiten,
16,80 DM

Lügen-Chronik oder Wunderbare Reisen zu Wasser und zu Lande und lustige Abenteuer des Freiherrn von Münchhausen
Nach der Ausgabe von 1839
Die bibliophilen Taschenbücher Nr. 17
504 Seiten, 117 Holzschnitte
14,80 DM

Johann Bernhard Fischer von Erlach
Entwurf einer historischen Architektur
Nach der Ausgabe von 1721
Die bibliophilen Taschenbücher Nr. 18
Mit einem Nachwort von Harald Keller
89 Kupfertafeln
289 Seiten,
16,80 DM

Grandville
Die Seele der Blumen – Les Fleurs Animées
Nach der Ausgabe von 1847
Die bibliophilen Taschenbücher Nr. 19
Mit einem Nachwort von Marianne Bernhard
51 Farbtafeln, 116 Seiten,
14,80 DM

Johann Wolfgang von Goethe
Die Leiden des jungen Werthers/
Friedrich Nicolai
Die Freuden des jungen Werthers
Nach den Ausgaben von 1774 und 1775
Die bibliophilen Taschenbücher Nr. 20
Mit einem Nachwort von Heiner Höfener
307 Seiten,
12,80 DM

Anmuth und Schönheit
Nach der Ausgabe von 1797
Die bibliophilen Taschenbücher Nr. 21
317 Seiten, 5 Abb.,
9,80 DM

Alte Bilderrätsel
Aus dem 19. Jahrhundert
Die bibliophilen Taschenbücher Nr. 22
Mit einem Nachwort von Ulrike Bessler
69 Tafeln, 151 Seiten,
6,80 DM

Hancarville
Denkmäler des Geheimkults der römischen Damen
Nach einem Privatdruck um 1910
Die bibliophilen Taschenbücher Nr. 23
49 Tafeln, 144 Seiten,
9,80 DM

Karl Friedrich Flögel
Geschichte des Grotesk-Komischen
Nach der Ausgabe von 1862
Die bibliophilen Taschenbücher Nr. 24
548 S., zahlreiche Farb- und Schwarzweiß-Abb
sowie alle Klapp- und Verwandlungseffekte
16,80 DM

Deutsches Balladenbuch
Nach der Ausgabe von 1861
Die bibliophilen Taschenbücher Nr. 25
122 Holzschnitte von L. Richter u. a.
360 Seiten,
12,80 DM

Herzensangelegenheiten.
Liebe aus der Gartenlaube
Aus dem 19. Jahrhundert
Die bibliophilen Taschenbücher Nr. 26
Mit einem Nachwort von Marianne Bernhard
102 Abb., 156 S.,
6,80 DM

August Johann Rösel von Rosenhof
Insecten-Belustigung
Nach der Ausgabe von 1746–61
Die bibliophilen Taschenbücher Nr. 27
Mit einem Nachwort von Wolfgang Dierl
175 Farbtafeln, 187 Seiten
19,80 DM

Wilhelm Hey
Funfzig Fabeln für Kinder
Nach der Ausgabe von 1833
Die bibliophilen Taschenbücher Nr. 28
50 Tafeln von Otto Speckter
Mit einem Nachwort von Walter Scherf
166 Seiten,
9,80 DM

Karl Bädeker
Rheinreise von Basel bis Düsseldorf
Nach der Ausgabe von 1849
Die bibliophilen Taschenbücher Nr. 29
Mit einem Nachwort von Peter Baumgarten
498 S., zahlreiche Ansichten,
Pläne und Karten,
14,80 DM

Johann Amos Comenius
Orbis sensualium pictus
Nach der Ausgabe von 1658
Die bibliophilen Taschenbücher Nr. 30
Mit einem Nachwort von Heiner Höfener
405 Seiten, zahlr. Abb.,
14,80 DM

Robert Reinick
ABC-Buch für kleine und große Kinder
Nach der Ausgabe von 1876
Die bibliophilen Taschenbücher Nr. 31
Mit einem Nachwort von Ulrike Bessler
27 Tafeln, 178 Seiten,
6,80 DM

J. W. Ludlow
Das Buch der Tauben
Nach der Ausgabe um 1870
Die bibliophilen Taschenbücher Nr. 32
Mit einem Nachwort von Joachim Schütte
50 Farbtafeln, 118 Seiten
9,80 DM

Kaiser-Wilhelm-Album
Die bibliophilen Taschenbücher Nr. 34
ca. 100 Abb., 180 Seiten
12,80 DM

Das Nibelungenlied
Übersetzt von Gotthard Oswald Marbach
Nach der Ausgabe von 1841
Die bibliophilen Taschenbücher Nr. 35
416 Seiten, 44 Holzschnitte
14,80 DM

Der Markusplatz zu Venedig
Nach der Ausgabe von 1831
Die bibliophilen Taschenbücher Nr. 36
Mit einer Einführung von Harald Keller
17 Farbtafeln, 61 Seiten
9,80 DM

12 000 Deutsche Sprichwörter
Nach der Ausgabe von 1846
Die bibliophilen Taschenbücher Nr. 37
Mit einem Nachwort von Hermann Bausinger
592 Seiten,
16,80 DM

Oliver Goldsmith
Der Landprediger von Wakefield
Übersetzt von Ernst Susemihl
Nach der Ausgabe von 1841
Die bibliophilen Taschenbücher Nr. 38
Mit einem Nachwort von Heiner Höfener
58 Holzschnitte von Ludwig Richter
288 Seiten,
7,80 DM

Ludwig Richter
Beschauliches und Erbauliches
Nach der Ausgabe von 1855
Die bibliophilen Taschenbücher Nr. 39
Mit einem Nachwort von Reinhard Bentmann
35 Holzschnitte, 68 Seiten
6,80 DM

F. J. Kiefer
Die Sagen des Rheinlandes
Nach der Ausgabe von 1845
Die bibliophilen Taschenbücher Nr. 40
344 Seiten, 20 Stahlstiche
12,80 DM

Julius Schnorr von Carolsfeld
Die Bibel in Bildern
Nach der Ausgabe von 1852–60
Die bibliophilen Taschenbücher Nr. 41
320 Seiten
12,80 DM

Johann Peter Hebel
Allemannische Gedichte für Freunde ländlicher Natur und Sitten
Nach der hochdeutschen Ausgabe von 1851
Die bibliophilen Taschenbücher Nr. 42
95 Holzschnitte von Ludwig Richter
273 Seiten,
7,80 DM

Hans Burgkmair d. J.
Turnier-Buch
Nach der Ausgabe von 1853
Die bibliophilen Taschenbücher Nr. 43
Mit einem Nachwort von R. Bentmann
27 Farbtafeln nach Hans Burgkmair
86 Seiten, 9,80 DM

Johann Gottfried von Herder
Der Cid
Nach der Ausgabe von 1859
Die bibliophilen Taschenbücher Nr. 44
Mit einem Nachwort von Heiner Höfener
73 Holzschnitte von Eugen Neureuther
260 Seiten, 9,80 DM

Theodor Storm
Immensee
Nach der Ausgabe von 1857
Die bibliophilen Taschenbücher Nr. 45
12 Abbildungen von Ludwig Pietsch
60 Seiten, 6,80 DM

Heinrich Zschokke
Die klassischen Stellen der Schweiz
Nach der Ausgabe von 1842
Die bibliophilen Taschenbücher Nr. 46
Mit einem Nachwort von Peter Baumgarten
84 Abbildungen von Gustav A. Müller
596 Seiten, 16,80 DM

Georg Scherer (Hrsg.)
Die schönsten deutschen Volkslieder
Nach der Ausgabe von 1875
Die bibliophilen Taschenbücher Nr. 47
Mit einem Nachwort von Rolf Wilh. Brednich
94 Abbildungen von Ramberg, Richter u. a.
280 Seiten, 9,80 DM

Angela und Andreas Hopf (Hrsg.)
Alte Exlibris
Die bibliophilen Taschenbücher Nr. 48
220 Abbildungen, davon 32 in Farbe
240 Seiten, 16,80 DM

Johann Wolfgang von Goethe
Reineke Fuchs
Nach der Ausgabe von 1867
Die bibliophilen Taschenbücher Nr. 49
Mit einem Nachwort von Walter Scherf
36 Stahlstiche von Wilhelm von Kaulbach
356 Seiten, 12,80 DM

Machiavel/Friedrich II.
Regierungskunst eines Fürsten/Anti-Machiavel
Nach der Ausgabe von 1745
Die bibliophilen Taschenbücher Nr. 50
Mit einem Nachwort von Heiner Höfener
556 Seiten, 16,80 DM

Abraham a Sancta Clara
Hundert Ausbündige Narren
Nach der Ausgabe von 1709
Die bibliophilen Taschenbücher Nr. 51
Mit einem Nachwort von Wilfried Deufert
101 Tafeln von Christoph Weigel
532 Seiten, 16,80 DM

Wilhelm Hey
Noch funfzig Fabeln
Nach der Ausgabe von 1837
Die bibliophilen Taschenbücher Nr. 52
Mit einem Nachwort von Walter Scherf
50 Farbtafeln von Otto Speckter
150 Seiten, 12,80 DM

Oscar Ludwig Bernhard Wolff
Naturgeschichte des Deutschen Studenten
Nach der Ausgabe von 1847
Die bibliophilen Taschenbücher Nr. 53
232 Seiten, 29 Abbildungen
9,80 DM

Friedrich Sternberg
Knasterkopfs Annehmlichkeiten und Freuden
Nach der Ausgabe von 1834
Die bibliophilen Taschenbücher Nr. 54
204 Seiten, 16 Abbildungen
9,80 DM

Johann Gottwerth Müller von Itzehoe
Siegfried von Lindenberg
Nach der Ausgabe von 1779
Die bibliophilen Taschenbücher Nr. 54a
Mit einem Anhang von Friedrich Priewe, Wolfgang Reschke und Alexander Ritter
12 Abbildungen von Chodowiecki
254 Seiten, 6,80 DM

ɔachim Heinrich Campe
Robinson der Jüngere
Nach der Ausgabe von 1860
Die bibliophilen Taschenbücher Nr. 55
Mit einem Anhang von Reinhard Stach
6 Holzschnitte von Ludwig Richter
52 Seiten, 14,80 DM

obert Lebeck (Hrsg.)
Playgirls von damals
Die bibliophilen Taschenbücher Nr. 57
Mit einem Nachwort von Manfred Sack
7 Abbildungen, davon 16 farbig
66 Seiten, 14,80 DM

Moritz von Schwind
Album vom Rauchen
und vom Trinken
Nach der Ausgabe von 1875
Die bibliophilen Taschenbücher Nr. 58
Mit einem Nachwort von Marianne Bernhard
2 Radierungen von Moritz von Schwind
12 Seiten, 6,80 DM

rieder Mellinghoff (Hrsg.)
Kunst-Ereignisse
Die bibliophilen Taschenbücher Nr. 59
8 farbige Abbildungen
86 Seiten, 16,80 DM

ohann Wolfgang von Goethe
Das römische Carneval
Nach der Ausgabe von 1789
Die bibliophilen Taschenbücher Nr. 60
Mit einem Nachwort von Harald Keller
0 Farbtafeln nach Georg Schütz
29 Seiten, 12,80 DM

Drumm/Henseler/May (Hrsg.)
Heinrich von Kleist
Der zerbrochene Krug
Nach der Ausgabe von 1877
Die bibliophilen Taschenbücher Nr. 61
Mit einem Nachwort von Marianne Bernhard
4 Holzschnitte von Adolph von Menzel
08 Seiten, 6,80 DM

Alte Wertpapiere
Die bibliophilen Taschenbücher Nr. 62
Mit einem Nachwort von Ulrich Drumm,
Alfons W. Henseler u. Erich J. May
70 farbige Abbildungen
40 Seiten, 19,80 DM

Der curieus- und
offenhertzige Weinartzt
Nach der Ausgabe von 1753
Die bibliophilen Taschenbücher Nr. 63
16 Seiten, 9,80 DM

Die Schedelsche Weltchronik
Nach der Ausgabe von 1493
Die bibliophilen Taschenbücher Nr. 64
Mit einem Nachwort von Rudolf Pörtner
Ca. 2000 Holzschnitte von M. Wolgemut
u. W. Pleydenwurff
614 Seiten, 16,80 DM

Georg Scherer (Hrsg.)
Alte und neue Kinderlieder
nach der Ausgabe von 1849
Die bibliophilen Taschenbücher Nr. 65
Mit einem Nachwort von Hubert Göbels
80 Abbildungen von W. v. Kaulbach,
Ludwig Richter u. a.
207 Seiten, 7,80 DM

John Cleland
Die Memoiren der Fanny Hill
Übersetzt von E. Feldhammer
Nach der Ausgabe von 1906
Die bibliophilen Taschenbücher Nr. 66
8 Abbildungen von Franz v. Bayros
422 Seiten, 14,80 DM

Elke Dröscher
Puppenwelt
Die bibliophilen Taschenbücher Nr. 70
80 farbige Abbildungen
172 Seiten, 16,80 DM

Ludwig Richter
Goethe-Album
Nach der Ausgabe von 1857
Die bibliophilen Taschenbücher Nr. 67
40 Holzschnitte von Ludwig Richter
82 Seiten, 6,80 DM

August F. Cranz
Charlatanerien
Nach der Ausgabe von 1781
Die bibliophilen Taschenbücher Nr. 68
Mit einem Nachwort von Horst Möller
410 Seiten, 12,80 DM

Robert Lebeck (Hrsg.)
Reklame-Postkarten
Die bibliophilen Taschenbücher Nr. 69
Mit einem Nachwort von Jürgen Kesting
80 meist farbige Abbildungen
176 Seiten, 16,80 DM

Friedrich Güll
Kinderheimath
Nach der Ausgabe von 1836
Die bibliophilen Taschenbücher Nr. 71
Mit einem Nachwort von Hubert Göbels
10 Radierungen von J. Nisle
212 Seiten, 8,80 DM

Alfred Richard Meyer
Des Herrn Munkepunke
Cocktail- und Bowlenbuch
Nach der Ausgabe von 1929
Die bibliophilen Taschenbücher Nr. 72
Mit einem Nachwort von Herbert Günther
62 Abbildungen von Erika Plehn
137 Seiten, 6,80 DM

Homer
Ilias
übertragen von Johann Heinrich Voß
Nach der Ausgabe von 1882
Die bibliophilen Taschenbücher Nr. 73
Mit einem Nachwort von Gerhard Lohse
Zahlr. Abbildungen von Friedrich Preller d. J.
436 Seiten, 14,80 DM

Fliegende Blätter
1844–1854. Eine Auswahl
Die bibliophilen Taschenbücher Nr. 74
Herausgegeben und mit
Nachwort von Marianne Bernhard
zahlreiche Abbildungen
213 Seiten, 9,80 DM

Johann Wolfgang von Goethe
Zur Farbenlehre
Nach der Ausgabe von 1810
Die bibliophilen Taschenbücher Nr. 75
Mit einem Nachwort von Dennis L. Sepper
7 Farbtafeln
455 Seiten, 16,80 DM

Marquis de Sade
Die hundertzwanzig Tage von Sodom
Übersetzt von Karl von Haverland
Nach der Ausgabe von 1909
Die bibliophilen Taschenbücher Nr. 76
Mit einem Nachwort von Marion Luckow
51 Illustrationen von Karl M. Dietz
568 Seiten, 16,80 DM

Robert Lebeck (Hrsg.)
Der Kuß
Die bibliophilen Taschenbücher Nr. 77
Mit einem Nachwort von Jürgen Kesting
80 meist farb. Abbildungen
176 Seiten, 14,80 DM

Joachim Heinrich Campe
Abeze- und Lesebuch
Nach der Ausgabe von 1830
Die bibliophilen Taschenbücher Nr. 78
Mit einem Nachwort von Hubert Göbels
25 vierfarb. Abbildungen
273 Seiten, 12,80 DM

Homer
Odyssee
übertragen von Johann Heinrich Voß
Nach der Ausgabe von 1872
Die bibliophilen Taschenbücher Nr. 79
Mit einem Nachwort von Gerhard Lohse
40 Abbildungen von Friedrich Preller
366 Seiten, 14,80 DM

A. G. Eberhard
Hanchen und die Küchlein
Nach der Ausgabe von 1840
Die bibliophilen Taschenbücher Nr. 80
Mit einem Nachwort von Hubert Göbels
10 Abbildungen von Otto Speckter
236 Seiten, 9,80 DM

Hugo Gerhard Ströhl
Deutsche Staatswappen
Nach den Tafeln von 1897
Nachwort von Jürgen Arndt
Die bibliophilen Taschenbücher Nr. 81
41 Farbtafeln, ca. 110 Seiten, 14,80 DM

Das malerische und
romantische Deutschland
Die bibliophilen Taschenbücher Nr. 82
Mit einem Nachwort von Marianne Bernhard
390 Abbildungen
424 Seiten, 12,80 DM

Bilder-Gallerie
Nach der Ausgabe von 1825/27
Die bibliophilen Taschenbücher Nr. 83
Mit einem Nachwort von Heiner Höfener
226 Tafeln
540 Seiten, 14,80 DM

Die Goldene Bulle
Die bibliophilen Taschenbücher Nr. 84
Nach König Wenzels Prachthandschrift
Mit der deutschen Übersetzung von
Konrad Müller und einem Nachwort
von Ferdinand Seibt
158 Seiten, davon 92 farbig, 16,80 DM

Oscar Wilde
Salome
Die bibliophilen Taschenbücher Nr. 85
Mit einem Nachwort von Gabriele Sterner
14 Illustrationen von Aubrey Beardsley
8,80 DM

Pariser Mode vor hundert Jahren
Die bibliophilen Taschenbücher Nr. 86
Mit einem Nachwort von Ruth Bleckwenn
42 vierfarbige Abbildungen
127 Seiten, 12,80 DM

Johann Peter Hebel
Schwänke aus dem Rheinischen Hausfreund
Die bibliophilen Taschenbücher Nr. 87
Mit Illustrationen von Carl F. Schulz
120 Abbildungen
493 Seiten, 14,80 DM

Karl Joseph Simrock
Das deutsche Räthselbuch
Die bibliophilen Taschenbücher Nr. 88
156 Seiten, 7,80 DM

Hans Christian Andersen
Gesammelte Märchen
Die bibliophilen Taschenbücher Nr. 89
Mit Illustrationen von Vilhelm Pedersen
125 Abbildungen
518 Seiten, 14,80 DM

Siegfried Jacobsohn
Die Schaubühne (1. Jahrgang)
Die bibliophilen Taschenbücher Nr. 90
500 Seiten, 14,80 DM

Im April 1979 erscheinen:

Ruth Malhotra (Hrsg.)
Manege frei.
Artisten- und Zirkusplakate
von Adolph Friedländer
Die bibliophilen Taschenbücher Nr. 91
120 farbige Abbildungen
ca. 270 Seiten, 16,80 DM

Das barocke Rom
Die bibliophilen Taschenbücher Nr. 92
Nach zeitgenössischen Veduten –
Eingeleitet von Harald Keller
150 Abbildungen
ca. 330 Seiten, 14,80 DM

Johann Willsberger
Alte Cameras
Die bibliophilen Taschenbücher Nr. 93
70 farbige Abbildungen
ca. 150 Seiten, 14,80 DM

Robert Lebeck (Hrsg.)
Herzlichen Glückwunsch
Die bibliophilen Taschenbücher Nr. 94
Mit einem Nachwort von Gerhard Kaufmann
80 alte Postkarten
80 farbige Abbildungen
ca. 180 Seiten, 16,80 DM

Albrecht Dürer
Die drei großen Bücher
Marienleben
Große Passion
Apokalypse
Nach den Ausgaben von 1511
Die bibliophilen Taschenbücher Nr. 95
Herausgegeben von Horst Appuhn
59 Holzschnitte
ca. 160 Seiten, 9,80 DM

F. E. von Rochow
Der Kinderfreund
Ein Lesebuch zum Gebrauch in Landschulen
Nach der Erstausgabe von 1776
Die bibliophilen Taschenbücher Nr. 96
Herausgegeben und mit einer illustrierten
Bibliographie versehen von Hubert Göbels
20 Abbildungen
ca. 200 Seiten, 12,80 DM

Im Mai 1979 erscheinen:

Albert Robida
Luftschlösser der Belle Époque
100 utopische Zeichnungen 1880
Die bibliophilen Taschenbücher Nr. 97
Herausgegeben von Winfried Petri
100 Abbildungen, teilweise farbig
ca. 220 Seiten, 12,80 DM

Carl Ludwig Frommel
Baden-Baden und seine Umgebungen in malerischen Ansichten
Nach der Ausgabe von 1843
Die bibliophilen Taschenbücher Nr. 98
Text von Hofrat Schreiber
25 Tafeln und ein herausklappbares Panorama
ca. 170 Seiten, 12,80 DM

Kurt K. Doberer (Hrsg.)
Schöne Briefmarken
Die bibliophilen Taschenbücher Nr. 99
80 farbige Abbildungen
ca. 200 Seiten, 16,80 DM

Triumphzug Kaiser Maximilians I.
Nach der Ausgabe von 1526
Die bibliophilen Taschenbücher Nr. 100
Bilderfries aus 137 Holzschnitten
von Albrecht Altdorfer, Hans Burgkmair d. Ä.,
Albrecht Dürer u. a.
137 Abbildungen
ca. 150 Seiten, 9,80 DM

Friedrich Justin Bertuch
Bilderbuch für Kinder
Die bibliophilen Taschenbücher Nr. 101
Eine Auswahl
Herausgegeben von Hubert Göbels
80 Farbtafeln
ca. 200 Seiten, 16,80 DM

Lukian
Die Hetärengespräche
Nach der Ausgabe von 1967
Die bibliophilen Taschenbücher Nr. 102
Deutsch von Franz Blei
Mit 15 Bildern von Gustav Klimt
15 Abbildungen
80 Seiten, 6,80 DM

Im Juni 1979 erscheinen:

Elke Dröscher
Puppenleben
Die bibliophilen Taschenbücher Nr. 103
80 farbige Abbildungen
ca. 170 Seiten, 16,80 DM

Salomon Kleiner
Das florierende Wien
Nach Kupferstichfolgen der Jahre 1724/37
Die bibliophilen Taschenbücher Nr. 104
142 Veduten
142 Abbildungen
ca. 310 Seiten, 14,80 DM

Robert Lebeck (Hrsg.)
Bitte recht freundlich
80 alte Postkarten
Die bibliophilen Taschenbücher Nr. 105
Mit einem Nachwort von Manfred Sack
80 farbige Abbildungen
ca. 180 Seiten, 16,80 DM

Wilhelm Wolf
Fahrrad und Radfahrer
Nach der Ausgabe von 1890
Die bibliophilen Taschenbücher Nr. 106
Zahlreiche Abbildungen
ca. 270 Seiten, 9,80 DM

Christoph von Schmid
Zweiundfünfzig Bilder für die Jugend
Nach der Ausgabe um 1830
Die bibliophilen Taschenbücher Nr. 107
52 Tafeln
ca. 130 Seiten, 6,80 DM

Rebusbilder
Aus der Wiener allgemeinen Theaterzeitung
Die bibliophilen Taschenbücher Nr. 108
46 Farbtafeln
ca. 110 Seiten, 14,80 DM

Im Juli 1979 erscheinen:

Grandville
Les métamorphoses du jour
Nach der Ausgabe von 1854
Die bibliophilen Taschenbücher Nr. 109
70 farbige Abbildungen
ca. 165 Seiten, 14,80 DM

Salomon Kleiner
Schönbornschlösser
45 Veduten.
Nach Kupferstichen der Jahre 1726/31
Die bibliophilen Taschenbücher Nr. 110
45 Abbildungen
ca. 110 Seiten, 6,80 DM

Johannes Andreas/Christian Loehr
Erstes Bilder- und Lehrbuch
Nach der ersten Ausgabe um 1805
Die bibliophilen Taschenbücher Nr. 111
Illustrationen von
Johann Stephan Capieux u. a.
50 Farbtafeln
ca. 170 Seiten, 14,80 DM

Glücks-Rädlein oder
Wahrsagungs-Büchlein
Nach der Ausgabe von 1676
Die bibliophilen Taschenbücher Nr. 112
ca. 115 Seiten, 6,80 DM

Honoré Daumier
Caricaturiana
Kleine Leute und Bürger
der Julimonarchie
Nach der Ausgabe von 1839
Die bibliophilen Taschenbücher Nr. 113
101 Lithographien
Bildlegenden von Charles Philipon
101 Abbildungen
ca. 230 Seiten, 9,80DM

Der Liebe Lust
Erotische Bilderfolgen
aus dem Biedermeier
Die bibliophilen Taschenbücher Nr. 114
80 farbige Abbildungen
ca. 170 Seiten, 16,80 DM